Charo Cuadrado
Yolanda Díaz
Mercedes Martín

Las imágenes en la clase de E/LE

edelsa
GRUPO DIDASCALIA, S.A.
Plaza Ciudad de Salta, 3 - 28043 MADRID - (ESPAÑA)
TEL.: (34) 914.165.511 - FAX: (34) 914.165.411

Primera edición: 1999

© **Charo Cuadrado, Yolanda Díaz, Mercedes Martín.**
© **Edelsa Grupo Didascalia, S.A. Madrid, 1999.**

Dirección y coordinación editorial: Departamento de Edición de Edelsa.
Diseño de cubierta: Departamento de Imagen de Edelsa.
Fotocomposición: Francisco Cabrera Vázquez y Susana Ruiz Muñoz.
Fotomecánica: Class, S.A.
Imprenta: Pimakius.
Encuadernación: Perellón, S.A.

ISBN: 84.7711.243.6
Depósito legal: M-15832-1999

Impreso en España

Presentación de la colección

Una de las consecuencias que ha traído consigo la integración de Europa es el enorme aumento de la necesidad de aprendizaje de idiomas en los países socios, por lo que la necesidad de profesorado cualificado también ha crecido.

Por otra parte, la formación de docentes en este campo tiene lugar como algo complementario y que se realiza en actividades que requieren la presencia de l@s participantes, que toman parte en ellas en número muy reducido.

De la constatación de esta paradoja surgió, hace algunos años, el Proyecto de Formación (Autoformación) y Perfeccionamiento a Distancia del Profesorado de Español, Alemán e Italiano como Lenguas Extranjeras, que se desarrolla en el marco del Programa LINGUA/SÓCRATES de la Unión Europea.

Se trata, por tanto, de un proyecto de dimensión internacional, que quiere llenar el vacío existente entre la oferta y la demanda de formación y perfeccionamiento de docentes de lenguas extranjeras y en el que participan entidades de España, Alemania e Italia (Instituto Cervantes y TANDEM Escuela Internacional de Madrid; Goethe Institut, GhK y DIFF; y la Università di Torino).

Bajo estas premisas se desarrolla la presente colección, orientada a constituir un sistema de formación y constituida por una serie de títulos concebidos para la formación a distancia con fases de presencia y basados en un concepto de aprendizaje abierto. El centro del plan de estudios es la transmisión de métodos que capaciten para la enseñanza intercultural y comunicativa de lenguas extranjeras.

Los materiales están basados en el aprendizaje inductivo (están confeccionados a partir de tareas, que l@s enseñantes tienen que resolver) y ofrecen no sólo información teórica, sino que están orientados al trabajo práctico en el aula: se requiere de las personas que los leen una participación activa, se las invita a plantearse cuestiones, comparar y opinar y a poner en relación lo que leen con lo que ya conocen por experiencia. Cada título ofrece al final un solucionario, en el que se resuelven las tareas que han aparecido a lo largo del texto.

La colección consta de 15 títulos, que cubren diferentes campos de la enseñanza del Español como Lengua Extranjera y para cuyo desarrollo se ha buscado a personas que enseñan español en diferentes sectores, como universidades, institutos Cervantes y centros privados; la finalidad es que nuestro trabajo tenga en cuenta la realidad del amplio espectro de docentes al que queremos dirigirnos.

Este espectro lo constituyen tanto profesores y profesoras que están ya trabajando y que, por lo tanto, tienen experiencia y/o formación, como personas que vayan a empezar a trabajar o que estén interesadas en la enseñanza y aprendizaje de nuestra lengua.

Matilde Cerrolaza
(Coordinadora de la colección)

Prólogo

En los últimos años las imágenes han adquirido un papel cada vez más importante en la enseñanza de lenguas extranjeras. Muchas obras didácticas las incluyen, considerándolas, al igual que los textos, una fuente de información muy importante. También en la clase resultan un material muy valioso por múltiples razones. Comunican de forma más directa, ya que, en oposición a la lengua, tienen una semejanza con lo representado. Contienen en menos espacio más información que invita a ser descubierta, nombrada y descrita incluso cuando los conocimientos de la lengua sean mínimos. A través de ellas se desarrollan capacidades propias de los/las aprendientes. Posibilitan el juego en el aula… Podríamos continuar la lista a favor del uso de las imágenes en el aula de lengua extranjera. No obstante, a muchos/as docentes, aun cuando están convencidos/as de estos argumentos y del poder sugestivo que encierran las imágenes, el trabajo con ellas les puede resultar en ocasiones pobre o insuficiente. ¿De qué factores depende que una imagen satisfaga o no nuestras expectativas para la clase? ¿Qué imágenes podemos utilizar? ¿Por qué, a veces, es mejor una foto que un dibujo, o al contrario? ¿Se ajusta la imagen al objetivo que nos hemos marcado? Estas son algunas de las preguntas que tratamos en este libro.

Nos hemos centrado en el uso de todo tipo de imágenes fijas -fotos, dibujos, cómics, gráficos, señales, cuadros, planos... (para el estudio del vídeo recomendamos la lectura del texto correspondiente, en esta misma colección)- en la clase de Español Lengua Extranjera. Evidentemente, la mayoría de los aspectos tratados tiene un carácter general, y muchas ideas y actividades que se proponen, no ya las imágenes concretas, se pueden aplicar a la enseñanza de cualquier lengua. Hemos prestado, además, especial atención a las imágenes portadoras de contenidos predominantemente culturales*, reuniendo actividades que tratan los procesos de observación, sensibilización y contraste ante lo nuevo o lo diferente.

Siguiendo un enfoque eminentemente práctico, a partir de nuestra experiencia y la de nuestros/as colegas como docentes, hemos dedicado, en la primera parte del libro, cuatro capítulos a consideraciones generales:

— Presentar, primero, argumentos a favor del uso de las imágenes en general; es decir, criterios generales, para pasar después a otros criterios más específicos, importantes a la hora de seleccionarlas.

— Hacer una tipología para recoger todas las imágenes (fotos, dibujos, comics, gráficos, cuadros, planos...) que puedan sernos útiles y así archivarlas mejor.

– Analizar en qué soportes* vamos a presentarlas (transparencias, carteles*, tarjetas, diapositivas...), según nos interese crear un foco común, dejar que los/las aprendientes practiquen una función por parejas, ofrecer un estímulo o apoyo visual permanente, etc., y dependiendo siempre del objetivo didáctico que busquemos.

– Comprobar cómo cualquiera de estos objetivos generales* del aprendizaje* de idiomas (conocimiento* de vocabulario, entendimiento* de una regla gramatical, comprensión auditiva*, producción oral o escrita...) puede cumplirse por medio de este material.

Aunque en la clase todos estos aspectos a los que acabamos de referirnos inciden al mismo tiempo, aquí, para ver mejor los procesos, los hemos estudiado por separado. Además, el hecho de que el libro esté articulado en tareas (en consonancia con la estructura de la colección PAP) también ayuda a la reflexión y a aclarar los detalles de dichos procesos. En este sentido hemos preferido que algunas tareas vayan acompañadas por las soluciones, a modo de conclusión necesaria para poder continuar la marcha del libro, constituyendo, así, el hilo conductor. En las tareas restantes remitimos al solucionario. La mayoría de las tareas son abiertas, no tienen por qué tener una única respuesta, pero nosotras preferimos ofrecer una dentro de las posibles. Se trata de pensar sobre lo que muchas veces hacemos de forma intuitiva, por eso creemos que nuestro trabajo será útil tanto para docentes con experiencia como para quienes empiezan.

La segunda parte del libro va destinada a los diversos procedimientos o técnicas que podemos aplicar una vez fijado el objetivo y elegida la imagen adecuada: ¿qué hacer con la imagen antes, durante o después de presentarla al grupo?, ¿cómo manipularla? En esta sección incluimos las propuestas de Scherling para crear cierto movimiento a partir de imágenes fijas, sin entrar en el terreno del vídeo. Dedicamos también especial atención al aspecto lúdico y creativo en el apartado *5.2.2 Jugando con imágenes*, así como al conjunto de actividades para narrar en pasado, y al uso de los anuncios. Para terminar, como ya dijimos, presentamos el trabajo con imágenes portadoras de contenidos de tipo cultural. A lo largo de todo el libro, y en especial en este capítulo de procedimientos, hemos incluido ejemplos prácticos, ya que también ha formado parte de nuestro propósito realizar una recopilación y selección del trabajo realizado por otros/as autores/as.

Para finalizar, señalamos que los conceptos marcados con asterisco (*) remiten al Glosario de la obra, en págs. 149 a 152.

Índice

Capítulo 1: ¿Por qué trabajamos con imágenes?

De acuerdo con lo que hemos indicado en la introducción, como punto de partida vamos a analizar en este capítulo aquellos motivos que, como docentes, nos llevan a considerar las imágenes como un material imprescindible en el aula de lengua extranjera. Para ello, vamos a diferenciar, por un lado, aquellos criterios que, *a priori*, es decir, antes de elegir una imagen concreta, nos hacen plantearnos el uso de las imágenes, que son los que vamos a llamar "criterios generales". Por otro lado, los criterios concretos que hacen que elijamos una imagen determinada y no otra, o "criterios específicos".

En nuestra vida diaria estamos rodeados/as de estímulos visuales (en la calle, en la ropa, en los periódicos, en los electrodomésticos, en los libros, etc.), para informarnos, aconsejarnos, advertirnos de un peligro, lanzarnos mensajes o evocar momentos de nuestra vida. Ninguno/a de nosotros/as podría concebir un mundo sin imágenes. Piense cuándo le provocan algún comentario esos estímulos:

....

....

....

....

....

De la misma manera que cotidianamente se inician conversaciones a partir de una imagen (con las fotos de un viaje que hemos hecho, viendo un cartel de una película, ante un cuadro en una exposición, viendo el último anuncio de una marca conocida...), en la clase de español también podemos conseguir una comunicación auténtica basándonos en las mismas.

TAREA 1: Antes de pasar a los criterios que fundamentan el uso de las imágenes en la clase, vamos a hacer una reflexión sobre las mismas. Marque con una x la idea con la que esté de acuerdo (pueden señalarse varias):

❐ Las imágenes distraen la atención de los/las aprendientes.

❐ Influyen positivamente en la dinámica de la clase.

❐ Son una excusa para entrar en materia.

❐ Alejan del objetivo del aprendizaje.

❐ Enriquecen y aumentan las posibilidades de la clase.

❐ No sirven para aprendientes jóvenes y/o mayores.

Las imágenes se han venido usando en los manuales* y en las clases durante años, aunque quizá su uso quedaba limitado a la práctica de algunas estructuras, a ilustrar algún diálogo, a contextualizar alguna función, sin valorarlas en sí mismas, de ahí que no se cuidara mucho su calidad, que se hiciera menos uso de fotos y más de dibujos y que con frecuencia resultaran atemporales. A veces la manera de trabajar con las imágenes resultaba confusa y forzada, al hacer preguntas como "¿está comiendo?", "¿qué ves?"... que nunca haríamos en la vida real.

Si lo que pretendemos es hacer una clase comunicativa (con estrategias de expresión*), deberíamos ir más allá de estos usos subsidiarios y aprovechar la riqueza que poseen las imágenes para provocar, suscitar, practicar o contextualizar.

Las imágenes enriquecen las posibilidades metódicas y se pueden utilizar en cualquier nivel y en cualquier fase de clase*. En ocasiones pueden parecer una excusa para entrar en materia, pero, en realidad, responden claramente a un objetivo de preparación bien integrado como una fase más de la clase. Una imagen bien seleccionada según el objetivo específico* que el/la docente se haya marcado, nunca va a distraer la atención de los/las aprendientes, sino que va a focalizarla en el contexto adecuado, dando lugar a una producción lingüística lo menos alejada de la realidad. Además, las imágenes constituyen un material que, por ofrecer una gran variedad de soportes*, influye positivamente en la dinámica de la clase.

Si tenemos en cuenta que la imagen es algo cotidiano para el/la aprendiente, y que la enseñanza debe estar centrada en este/a, seleccionaremos imágenes (fotos, dibujos, cómics…) que se adecuen a las características del grupo: edad, intereses, formación, etc.

Además de las posibilidades metódicas que ofrecen las imágenes, no hay que olvidar otro aspecto importante, y es que con ellas no sólo se activa el intelecto, sino también la parte afectiva del/de la estudiante. En cualquier curso de lengua extranjera, tendremos que contar no sólo con la curiosidad o el placer de aprender el idioma, sino también con un cierto miedo o presión por parte de los/las aprendientes, dependiendo del progreso y de las pretensiones de cada uno/a de ellos/as. En este sentido, algunos materiales* visuales van a tener una gran importancia a la hora de eliminar bloqueos en el aprendizaje, crear relaciones afectivas dentro del grupo, potenciar la integración de aspectos personales (gustos, intereses, recuerdos...), realizar un trabajo intercultural, etc.

En definitiva, hay múltiples razones para usar este material en la clase de E/LE, siempre que tengamos en cuenta unos criterios determinados para su selección.

1.1 Criterios generales

Basándonos en nuestra propia experiencia, somos conscientes de que la mayoría de los/las docentes lo que hacemos habitualmente ante las imágenes es plantearnos la pregunta "¿para qué me sirve?", es decir, buscar una utilidad para las mismas. Raramente reflexionamos sobre el por qué llevarlas a la clase, o sea, sobre las razones que nos impulsan a hacerlo. Es en dicho aspecto en el que queremos hacer hincapié en este apartado.

Mire las siguientes imágenes:

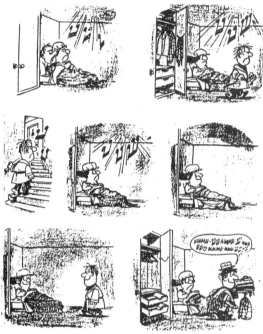

2. *Tareas. C de cultura.* Ed. Difusión.

1. *¿A que no sabes...?* Ed. Edelsa Grupo Didascalia.

3. *La Revista.*

4. *Intercambio 2.* Ed. Difusión.

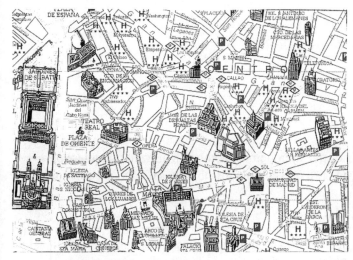

6.

5. Plano de Madrid. El Corte Inglés.

7. *Intercambio 2.*

8. *Rápido.* Ed. Difusión.

9. *Planet@ 1.* Ed. Edelsa Grupo Didascalia.

• ¿Cuáles de ellas se podrían llevar a clase?

....

....

....

....

Probablemente, según los criterios que apliquemos, podremos utilizar cualquiera de ellas para la clase de español, siempre que cumpla los objetivos didácticos que nos hayamos marcado.

TAREA 2: Personalmente, ¿qué motivos le moverían a usar cada una de ellas (entendiendo los términos "subjetivo", "didáctico" y "cultural" en su sentido más amplio)? Marque con una cruz.

	SUBJETIVOS	DIDÁCTICOS	CULTURALES
Imagen 1			
Imagen 2			
Imagen 3			
Imagen 4			
Imagen 5			
Imagen 6			
Imagen 7			
Imagen 8			
Imagen 9			

En algunas imágenes quizá habrán coincidido varios criterios; esto, en algunos casos, puede resultar muy ventajoso, ya que cuantos más criterios se sumen, más éxito tendremos al trabajar con ellas en la clase.

Vamos ahora a intentar ampliar un poco más los motivos que nos llevan a usar las imágenes en clase. Para ello hemos recogido algunos comentarios de nuestros/as colegas sobre las imágenes ya vistas, pero teniendo en cuenta que estas son únicamente una muestra de determinados tipos de imagen (anuncios, cómics, planos, etc.).

TAREA 3: Teniendo en cuenta que cada número se corresponde con una imagen, dibuje un círculo en aquella(s) que considere que se ajusta a estas opiniones.

1. CÓMIC. 2. FOTO BAR. 3. ESTADÍSTICA. 4. ANUNCIO. 5. PLANO. 6. IMAGEN ELEFANTE. 7. IR EN / IR HACIA… 8. FOTO FAMOSO. 9. PAISAJE.

* Es más fácil de comprender que los textos.   1 2 3 4 5 6 7 8 9
* Prepara al/a la aprendiente para el trabajo que queremos hacer. 1 2 3 4 5 6 7 8 9
* Me gusta, a los/las aprendientes también les gusta.   1 2 3 4 5 6 7 8 9
* Muestra aspectos culturales.   1 2 3 4 5 6 7 8 9
* Forma parte de la realidad cotidiana.   1 2 3 4 5 6 7 8 9
* Es divertido.   1 2 3 4 5 6 7 8 9
* Si lo ven, lo recuerdan mejor.   1 2 3 4 5 6 7 8 9
* Puedo sacar primero el vocabulario.   1 2 3 4 5 6 7 8 9
* Es más directo: no hay que buscar en el diccionario.   1 2 3 4 5 6 7 8 9
* Provoca, atrae, impacta, fomenta la creatividad.   1 2 3 4 5 6 7 8 9
* Es un medio de comunicación, un lenguaje.   1 2 3 4 5 6 7 8 9
* Favorece la dinámica de la clase.   1 2 3 4 5 6 7 8 9
* Es otro material.   1 2 3 4 5 6 7 8 9
* No me lo puedo llevar a clase.   1 2 3 4 5 6 7 8 9
* Es muy útil para practicar.   1 2 3 4 5 6 7 8 9
* Me ahorra tiempo.   1 2 3 4 5 6 7 8 9
* Todo les llega en un golpe de vista.   1 2 3 4 5 6 7 8 9
* Dan color a la clase.   1 2 3 4 5 6 7 8 9
* Me sirve para explicar la gramática.   1 2 3 4 5 6 7 8 9

Estos comentarios responderían a criterios que justifican el uso de las imágenes en la clase de E/LE. Aunque su sistematización resulte difícil, por presentar una gran diversidad, los agrupamos en los tres bloques a los que nos hemos referido al principio del capítulo: criterios subjetivos, didácticos y culturales.

1.1.1 Criterios subjetivos

Cualquier imagen despierta curiosidad, produce una reacción espontánea y natural en el/la aprendiente (provoca, suscita, evoca, activa la imaginación...). A veces esta respuesta es tan inmediata que ni siquiera es necesario que el/la docente haga una pregunta o dé ningún otro impulso* inicial al grupo. Es cierto que esas reacciones del alumnado vienen dadas por el carácter motivador implícito en las imágenes, pero esa reacción o respuesta podrá variar de una persona a otra dependiendo de su sensibilidad, su carácter, sus gustos...

Muchas veces elegimos las imágenes siguiendo un criterio estético: nos gustan o no. Sin duda, si la imagen nos gusta y pensamos que puede gustar a nuestros/as aprendientes resultará eficaz, dada esa sugestión positiva. Ahora bien, no debemos rechazar imágenes que, estéticamente o por algún otro motivo subjetivo, no nos gusten, si estas se ajustan a nuestra intención pedagógica y resultan eficaces desde el punto de vista didáctico.

Además, las imágenes forman parte del mundo ya conocido por el/la aprendiente y constituyen un vínculo entre este/a y la lengua que se va a adquirir. Es decir, por un lado, este material no le resulta ajeno ni le provoca extrañeza, porque es algo a lo que todos/as estamos acostumbrados/as en nuestra vida diaria. Y, por otro, la realidad ya conocida es susceptible de representación, lo que facilitará la adquisición* de la lengua al establecer un nexo directo con ella.

1.1.2 Criterios didácticos

Las imágenes son un medio de comunicación más, un lenguaje que sustituye o refleja la realidad; la mayoría de las veces son más fáciles de entender que un texto porque ponen en funcionamiento esquemas cognitivos del cerebro: el/la aprendiente que ve una imagen de un bar, se situará en ese contexto y tendrá unas expectativas sobre el tema que se va a tratar. Es decir, activará sus conocimientos previos, desarrollará capacidades propias y al mismo tiempo la imagen le aportará una orientación nueva. En este sentido, las imágenes son un material imprescindible para conseguir cualquier objetivo general de la enseñanza (conocimiento, entendimiento, desarrollo de destrezas*) en el proceso de aprendizaje*.

Gracias a ellas es posible transmitir contenidos gramaticales, culturales, léxicos, en un golpe de vista, lo cual favorece el entendimiento por parte de los/las aprendientes y ayuda a los/las docentes a explicar de un modo más efectivo y económico. Y además resultan un perfecto apoyo mnemotécnico: las informaciones que se reciben a través de los órganos sensoriales son, en general, mejor entendidas y mejor retenidas. Es más, parece que las informaciones se almacenan en el cerebro de forma gráfica: ya hay investigaciones que muestran que la memoria óptica es más efectiva que la cognitiva. Según Seymour y O'Connor, recordamos un 30% de lo que vemos, frente a un 10% de lo que leemos, un 20% de lo que oímos y un 90% de lo que hacemos.

La imagen es uno más de los materiales que podemos utilizar en la clase, pero, a diferencia de otros, nos ofrece una amplia variedad de soportes (transparencias, carteles, tarjetas, diapositivas...). El cambio de soporte conlleva, en la mayoría de las ocasiones, un cambio también de la forma de trabajo (individual, por parejas, en grupos, plenaria), de modo que estos cambios (de soporte y forma social de trabajo*) harán de la clase algo más dinámico y lúdico.

1.1.3 Criterios culturales

Las imágenes son un material imprescindible para despertar el interés de los/las aprendientes por nuestra cultura. Si no fuera por ellas, muchos contenidos culturales no podrían ser transmitidos, especialmente si se está fuera del país de la cultura anfitriona o si queremos mostrar acontecimientos que tienen lugar en otro momento del año que no coincide con el momento en que se está, por ejemplo, las fallas si estamos en diciembre.

Como docentes, es nuestra tarea desarrollar la capacidad de observación-sensibilización de nuestros/as aprendientes, como medio fundamental para la percepción de cualquier cultura. Después de este primer paso, tendremos que conseguir que contrasten su propia cultura con la ajena para constatar y deducir las diferencias. En este sentido, las imágenes nos van a servir para que nuestros/as aprendientes observen y perciban aspectos de la cultura anfitriona.

1.2 Criterios específicos: cómo seleccionar las imágenes

Hemos visto anteriormente el porqué del uso de las imágenes en la clase de E/LE, pero pensemos ahora cómo las seleccionaremos: ¿por qué una foto puede ser mejor que otra para la clase?, ¿por qué una foto en unos casos es mejor que un dibujo o al contrario?, ¿por qué una imagen resulta más eficaz o tiene más rendimiento* que otra?... es decir, las razones que permiten al/a la docente decidir en cada caso concreto qué material visual utilizar.

De nuevo, vamos a partir de los criterios que hemos recogido entre nuestros/as colegas sobre las razones de elección de las imágenes:

1. "Porque están en los manuales."

2. "Porque son portadoras de contenidos/informaciones que se quieren tratar en clase."

3. "Porque se ajustan a la necesidad de la clase."

4. "Porque son atractivas (color, estilo, calidad, tamaño...)."

5. "Porque nos gustan al aprendiente y a mí."

6. "Porque el contenido lingüístico (la producción oral) tiene un contenido gramatical especialmente interesante."

7. "Porque aportan información cultural no típica."

8. "Porque son claras para no distraer del tema."

9. "Porque son, en muchos casos, actuales y reales."

TAREA 4: 1. ¿Qué preguntas se haría al elegir imágenes, después de estos criterios que acabamos de leer (u otros que usted considere convenientes)?

P. ej: (1) ¿Son buenas las imágenes de los manuales que utilizo para la clase?

(2) ....
....

(3) ....
....

(4) ....
....

(5) ....
....

(6) ....
....

(7) ....
....

(8) ....
....

(9) ....
....

---

2. Ordene por orden de importancia los criterios vistos hasta ahora:

Criterio 1 ....

Criterio 2 ....

Criterio 3 ....

Criterio 4 ....

Criterio 5 ....

Criterio 6 ....

Criterio 7 ....

Criterio 8 ....

Criterio 9 ....

3. Revise las imágenes que aparecen en los manuales con los que trabaja: ¿qué criterios se cumplen?, ¿cuáles no?

Con esta reflexión nos planteamos unas preguntas que conviene tener presentes a la hora de seleccionar las imágenes, tales como: ¿las imágenes transmiten al/a la aprendiente lo que me transmiten a mí?, ¿son adecuadas al objetivo?, ¿cómo puedo mostrar un aspecto cultural concreto?, ¿dónde puedo conseguir unas buenas imágenes? Podemos encontrarlas en periódicos, revistas, catálogos de arte, folletos publicitarios, tebeos, postales, etc. También los manuales ofrecen una amplia selección de imágenes que puede resultar muy útil al/a la docente. Lo fundamental al elegir cualquier imagen será adecuar esta a las necesidades de la clase: introducir un tema, responder a intenciones comunicativas, a los contenidos o a las situaciones. Para ello, entrarán en juego una serie de factores que influirán más o menos dependiendo del objetivo didáctico de la clase.

Asímismo, al seleccionarlas no debemos olvidar, por un lado, que pueden transmitir más información de la que el/la docente pretende, lo que puede ser perjudicial en algunas ocasiones, porque desvía del objetivo y abruma al/a la aprendiente; por otro, que a veces esa polivalencia* de las imágenes nos permitirá usar la misma para diferentes objetivos. La buena calidad de la imagen, el tamaño y el aspecto estético de esta serán otros criterios que tener en cuenta en la selección.

El orden de importancia de estos criterios dependerá, por tanto, del objetivo didáctico que nos hayamos propuesto y de la imagen elegida. De ahí que no resulte fácil establecer una única jerarquía. Por otro lado, podrán entrar en juego uno o varios criterios, si bien en este caso la superposición de los mismos no implica una contradicción, sino que, por el contrario, potencia la eficacia* de la imagen.

A continuación vamos a tratar algunos aspectos que nos parecen básicos a la hora de decidir qué imagen elegiremos para una clase concreta y con un objetivo determinado.

1.2.1 El rendimiento

TAREA 5: Imagine que hemos preparado al/a la aprendiente dándole los elementos funcionales necesarios para pedir y dar información de ubicaciones y direcciones en una ciudad. A continuación queremos hacer una práctica oral en la que los/las aprendientes empleen dichos elementos. Para realizar esta actividad contamos con este plano:

Plano 1

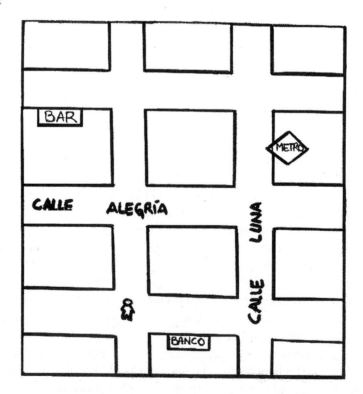

Obsérvelo y responda a estas preguntas:

• ¿Qué preguntas/respuestas concretas harían los/las aprendientes?

....

....

....

• ¿Se han familiarizado bastante con las expresiones "a la izquierda", "a la derecha", etc., como para que las usen fluidamente?

....

....

....

Ahora mire este otro plano que también podríamos utilizar para la práctica oral
de direcciones a la que nos hemos referido:

Plano 2

Para empezar A. Ed. Edelsa Grupo Didascalia.

Si comparamos ambos planos:

• ¿Los dos responden a la misma situación comunicativa?

....

• ¿En cuál sería mayor la producción oral?

....

• ¿Resultaría útil el Plano 1 para una fase de prácticas? ¿Por qué?

....

....

....

En el primer plano, la práctica se agotaría enseguida, no siendo suficiente para que los/las aprendientes se familiarizaran con estructuras del tipo "¿dónde está...?", "¿dónde hay...?", "a la izquierda", "a la derecha", etc. Este plano tan simplificado podría ser suficiente en una fase de semantización* o presentación de elementos funcionales; por tanto, no se ajustaría a una fase de prácticas* en la que importara la repetición, sino a una en la que quedaran claros los exponentes en sí mismos. Con el segundo plano, el número de preguntas/respuestas aumentaría, la producción oral sería más extensa y, por lo tanto, los/las aprendientes se familiarizarían mucho más con dichos exponentes. Por consiguiente, los dos se adecuan a la misma situación comunicativa*, pero no cabe duda de que el segundo ofrece más rendimiento a la hora de llevar a cabo la práctica que hemos marcado. Así pues, el rendimiento será uno de los más importantes aspectos que tener en cuenta en la selección de las imágenes.

1.2.2 La eficacia

Pensemos ahora que nuestro objetivo es dar a conocer un campo semántico nuevo a nuestros/as aprendientes. Para ello podemos llevar a la clase uno de estos dos materiales:

A) Cartel en colores con tarjetas adhesivas para que los/las aprendientes las coloquen en el dibujo correspondiente.

B) Lista de palabras en español con la traducción correspondiente (en este caso al alemán) para que la lean.

El sofá .... *das Sofa*	La cama .... *das Bett*
El espejo .... *der Spiegel*	El tocadiscos .... *der Plattenspieler*
El sillón .... *der Sessel*	La alfombra .... *der Teppich*
La lámpara .... *die Lampe*	La lavadora .... *die Waschmaschine*
La mesa .... *der Tisch*	El armario .... *der Schrank*
El cuadro .... *das Bild*	La radio .... *das Radio*
La silla .... *der Stuhl*	La estantería .... *das Regal*
La nevera .... *der Kühlschrank*	La televisión .... *der Fernseher*

TAREA 6: Marque lo que considere adecuado:

1. ¿Dónde piensa que el/la aprendiente desarrolla menos su imaginación?   A   B

2. ¿En cuál se siente más libre el/la aprendiente?   A   B

3. ¿Qué actividad resulta menos divertida?   A   B

4. ¿Qué es más fácil para saber cómo se dice en castellano?   A   B

5. ¿Cuál piensa que es más eficaz para aprender?   A   B

6. ¿Cuál es más rápido para el/la aprendiente?   A   B

7. ¿Cuál le ayuda más a memorizar?   A   B

Los dos materiales cumplen el mismo objetivo: conocimiento de vocabulario. ¿Cuál de los dos resulta más rápido? Está claro que el segundo, pero si nos preguntamos por la eficacia, sin duda el primero resulta más eficaz, porque el/la aprendiente desarrolla una serie de estrategias para llevar a cabo la actividad, estrategias que le permitirán, simultáneamente, conocer e ir aprendiendo de una forma más lúdica y dinámica. El/la aprendiente, como primer paso, se formula hipótesis a partir del conocimiento que tiene de su lengua y de otras que pueda conocer. Después va a establecer asociaciones lógicas entre las palabras de su lengua materna y las de la nueva lengua. Por último, según las conclusiones a las que llegue, asignará una palabra a cada imagen. Todo este proceso le ayudará a memorizar ese vocabulario sin tener que realizar el esfuerzo de repetir las palabras. Por el contrario, con la lista tendrá que repetirlas una y otra vez hasta conseguir aprenderlas.

1.2.3 ¿Foto o dibujo?

Es esta una pregunta que en ocasiones debemos hacernos los/las docentes al elegir una imagen. Es evidente que ambas formas de ilustración tienen su propia fuerza, pero dependiendo del uso que vayamos a darle tendremos que decidir si la foto nos resulta más útil que el dibujo o al contrario.

Vea estas dos imágenes:

El Mundo.

Comunicative Activities. Thomas Nelson.

– ¿Ha ganado o ha perdido el partido?
– ¿Llora de alegría o de pena?
– ¿Le duele algo?

– ¿Qué le pasa?

Como podemos ver con las imágenes anteriores, en este caso el dibujo ofrece menos posibilidades de interpretación, resulta menos ambiguo, por lo que sería más idóneo para enseñar estados de ánimo, como "está triste" aquí, por ejemplo. Es decir, aunque la foto o el dibujo no son nunca totalmente unívocos, incluso cuando elegimos pensando que lo son, el dibujo puede reducirse y concentrarse mucho más en determinados aspectos: gestos, situaciones, personajes... y en este sentido puede resultar muy útil para la clase de lengua extranjera.

1.2.4 Objetividad / Subjetividad

Entre las imágenes, parece que la foto es la que reproduce la realidad de forma más objetiva; por lo tanto, se toma más en serio o puede gozar de una mayor aceptación -por parte de los/las docentes- cuando se trata, sobre todo, de la transmisión de contenidos de tipo cultural. Pero no hay que olvidar tampoco que la foto es sólo una ficción que representa, al igual que el dibujo, únicamente un detalle, un momento de la realidad.

TAREA 7:

Foto A

– Intente ampliar la imagen hacia los cuatro lados: ¿qué se imagina que hay? Descríbalo con detalle.

....

....

....

Foto B

El País.

– ¿La impresión que llega de la realidad es igual en A que en B? ¿Por qué?

....

....

....

....

....

Si dividiéramos la clase en parejas, y a uno/a de sus miembros le diéramos la foto A y a otro/a la foto B, sin otra directriz que la de describirse las fotos mutuamente, seguramente sus descripciones no parecerían corresponder a la misma foto.

En el caso de la tarea anterior, nosotras hemos manipulado la foto, pero se podría obtener igual efecto con dos fotos de una misma realidad tomadas desde distintas perspectivas. Véase en las dos imágenes siguientes:

El Mundo.   *Esto funciona A*. Ed. Edelsa Grupo Didascalia.

Por un lado, los ojos del/de la fotógrafo/a son un filtro para esa realidad, puesto que el/la fotógrafo/a elige la parcela que quiere fotografiar según su intención. Como dicen Manuel Alonso y Luis Matilla (1990, pág. 28), "esa elección de la amplitud* del campo de trabajo, juntamente con el punto de vista desde el que se contempla ese mismo campo (desde arriba, abajo, derecha, izquierda, etc.) es lo que denominamos encuadre. Si una misma realidad puede ser reflejada desde infinitos encuadres físicamente accesibles, y el pintor o el fotógrafo solamente nos transmiten la visión desde uno, han elegido, para la objetividad o para la distorsión, para el realismo o para el engaño, pero no han podido eludir la elección". Por otro, no hay que olvidarse de la subjetividad de cada uno/a de los/las espectadores/as de esa foto. Por tanto, nuestros/as aprendientes, como tales espectadores/as, también van a tener su particular visión de esta y no siempre tendrá que coincidir con la nuestra.

1.2.5 La amplitud de la imagen

Las imágenes a las que nos venimos refiriendo recogen instantes aislados de una secuencia, son algo estático, carecen de movimiento; sin embargo, son susceptibles de transmitir mucha más información de la que muestran estrictamente: la información que ofrece esa clase de imagen puede, en muchas ocasiones, ser ampliada.

Eichheim y Wilms, en su libro *Mir fällt auf...* (1981), diferencian entre la amplitud espacial, temporal, social y comunicativa, pensando en el uso de las imágenes para provocar la comunicación.

a) Amplitud espacial

TAREA 8: Mire esta foto y amplíela hacia los cuatro lados.

Mutua de seguros Pelayo.

....
....
....
....
....
....
....

b) Amplitud temporal

TAREA 9: Imagine: ¿qué ha pasado?, ¿qué está pasando?, y ¿qué va a pasar?

El País.

....
....
....
....
....
....

c) Amplitud social

TAREA 10: Conteste a las preguntas después de observar la foto.

El País.

– ¿Qué están haciendo?

....

....

– ¿En qué ambiente viven?

....

....

– ¿Cómo visten?

....

....

– ¿Qué relación tienen entre sí?

....

....

---

d) Amplitud comunicativa

TAREA 11: Mire la foto y responda a las preguntas.

El País.

– ¿Dónde se encuentran?

....

....

– ¿Cómo es la expresión de su cara? ¿Y sus gestos?

....

....

– ¿Qué pasa?

....

....

– ¿De qué están hablando?

....

....

Como hemos visto en las tareas anteriores, la imagen puede tener una amplitud:

– Espacial: el/la observador/-a puede imaginar lo que hay a la derecha, a la izquierda, arriba y abajo de la imagen;
– temporal: se puede suponer lo que pasó antes y lo que pasó después del instante recogido por la imagen;
– social: hace referencia a los diferentes aspectos sociales (clase social, ambiente, ropa, relaciones, etc.) que podemos deducir de la imagen;
– comunicativa: nos permite hacer hipótesis, a través de la expresión de las caras, la posición de los cuerpos y los gestos, sobre lo que puedan estar hablando las personas que están en la imagen.

A veces, en una sola imagen coincide más de una amplitud. El hecho de que la imagen pueda ser ampliada es un aspecto fundamental a la hora de decidir cuál llevamos a clase, ya que muchas de las actividades que vayamos a realizar en el aula se articularán a partir de este concepto. Por tanto, la posibilidad que ofrece una imagen para cuestionar, suponer o suscitar la reflexión y la crítica sobre la misma, resulta muy útil como procedimiento de trabajo en la clase. En definitiva, cuanto más abiertas sean las imágenes en sus distintas dimensiones (espacial, temporal, social y comunicativa), más estimularán la interpretación lingüística.

1.2.6 ¿Cómo percibimos?

Una imagen refleja un fragmento de un país y de una cultura, marcado por la perspectiva del/de la fotógrafo/a, así como por la de la persona que la mira. ¿Cómo leemos las imágenes? ¿Qué vemos primero al mirar una imagen? ¿Cómo desciframos la información y cómo asimilamos/interpretamos la nueva información?

TAREA 12:

1. Observe esta foto.

Planet@ 2. Ed. Edelsa Grupo Didascalia.

---

2. Anote con detalle todo lo que se le ocurra respecto a la misma.

....

....

....

....

....

....

....

....

3. Ahora distinga lo que es descripción o interpretación y escríbalo en este cuadro:

DESCRIPCIÓN	INTERPRETACIÓN

Todos/as interpretamos cuando vemos una imagen, parece difícil quedarse simplemente en la descripción, sin interpretar o valorar. En principio, no tiene por qué ser negativo, pero es algo de lo que debemos ser conscientes cuando trabajemos con imágenes en la clase.

TAREA 13: Intente descifrar lo que aparece en la imagen.

Bilder in der Landeskunde. Langenscheidt/Goethe-Institut Munich.

....

....

....

....

Pese a la dificultad que presenta la imagen, podemos reconstruirla gracias a nuestra imaginación, que es capaz de activar un esquema cognitivo determinado ("perro"). Estos esquemas no son iguales en todas las personas, dependen de los conocimientos o experiencias de los que se disponga, y nos permitirán no sólo reconstruir una imagen, como en este caso, sino también dar forma a lo informe o construir la totalidad de lo visto.

TAREA 14: Mire durante un minuto este *collage*.

1. Enumere el orden en que lo ha mirado.

....

....

2. ¿Dónde se ha detenido/enganchado más su mirada?

....

....

3. ¿Qué partes casi no ha mirado?

....

....

4. ¿Hay algo que no ha podido identificar?

....

....

5. Mire otra vez el *collage* e intente integrar las partes que había dejado fuera.

....

....

Como hemos podido experimentar, la percepción visual es un proceso activo. Permanentemente interpretamos mientras observamos algo y reconstruimos el contexto que rodea a la imagen, basándonos en nuestras propias experiencias. Lo primero que hacemos es una interpretación global, partiendo de lo conocido. Esto ocurre en fracciones de segundo, sin que seamos conscientes de este proceso, así que primero es lo conocido lo que nos sirve de orientación. Elegimos y percibimos en un primer momento sólo lo que queremos ver, mientras que los elementos desconocidos se ignoran porque son contrarios a nuestras expectativas visuales ("disonancia cognitiva*"), o se integran en el esquema activado.

En este sentido también es importante tener en cuenta la experiencia o los hábitos visuales de los/las aprendientes, porque, aunque las imágenes puedan ser mediadoras y motivadoras en el aprendizaje de una lengua, sus posibilidades de lectura pueden fracasar por la inexperiencia del/de la aprendiente en el uso didáctico de la imagen. Así, en algunas ocasiones puede haber un rechazo de la misma por considerarla infantil o poco seria.

Otra cuestión importante sería cómo leemos las imágenes y si hemos aprendido a leerlas. Aunque no lo hayamos hecho conscientemente, los/las niños/as no tienen problemas, porque lo que hacen es traspasar los hábitos de lectura de textos escritos a las imágenes, y por tanto, leer estas de izquierda a derecha. Ahora bien, no siempre las imágenes están compuestas de forma análoga a nuestra dirección de lectura y escritura, o no en todas las culturas se lee de izquierda a derecha.

Todo lo dicho anteriormente tendremos que tenerlo en cuenta para la selección de nuestras fotos de clase, en tanto en cuanto no sería conveniente presentar a nuestros/as aprendientes imágenes cuyo contenido fuera totalmente desconocido para ellos/as, porque la foto no les llegaría/diría nada y tendríamos que explicarla para alcanzar nuestro objetivo. No deberíamos olvidar tampoco que, a veces, lo que para los/las docentes resulta obvio es una información desconocida o nueva para el/la aprendiente.

Para concluir habría que decir que sería conveniente que, antes de llevar una imagen a clase, tuviéramos en cuenta todos los aspectos tratados hasta aquí: si la imagen es suficientemente rentable, si resulta eficaz para la tarea que vamos a realizar o si es todo lo objetiva que el/la docente supone. Tampoco habría que olvidar que un tipo de imagen puede ser más útil que otro dependiendo del caso, y que no debemos perder las posibilidades de trabajo que tiene este material quedándonos sólo en la información que estrictamente muestra. Por último, considerar la importancia del proceso de percepción, ya que este puede ser diferente para cada uno de los/las espectadores/as de una imagen.

Capítulo 2: Tipología de imágenes

Una vez hecha la reflexión sobre las causas que nos mueven a utilizar imágenes en nuestras clases, y tratados los aspectos fundamentales que debemos tener presentes a la hora de seleccionarlas, es el momento de intentar establecer los diferentes tipos de imágenes con los que nos vamos a encontrar, y considerar algunas de las clasificaciones que se han hecho de los mismos.

TAREA 15:

1. Enumere tipos de imágenes que se le ocurran en este momento:

IMÁGENES

....

....

....

....

....

....

....

....

2. ¿Con qué frecuencia utiliza este tipo de imágenes en sus clases? Marque con una cruz:

	MUCHO	BASTANTE	POCO	CASI NUNCA	NUNCA
Fotos					
Dibujos					
Cómics					
Gráficos					
Señales					
Símbolos					
Planos					
Mapas					
Estadísticas					
Cuadros					

3. ¿Se le ocurre alguna manera de clasificarlas?

Hacer una tipología no tiene otro sentido para nosotras que recoger todos los materiales gráficos con los que contamos para la clase y ver cómo podemos archivarlos. No vemos la necesidad de hacer una clasificación desde el punto de vista de la semiótica o las ciencias que estudian la imagen, porque no nos parece útil para la clase. Pensamos que cualquier clasificación que se haga ha de depender de factores que afecten exclusivamente a la clase y a la actividad del/de la docente*, por lo tanto podrá variar de un/-a docente a otro/a y habrá que revisarla si no nos resulta útil o dificulta nuestra tarea.

Veamos algunas de las clasificaciones que se han hecho hasta ahora:

A) Dominique Macaire y Wolfram Hosch, en *Bilder in der Landeskunde,* proponen tres grandes bloques:

– Las imágenes que representan la realidad de forma más directa:

a) fotos (documentales o artísticas);
b) dibujos (realistas, caricaturas o tiras cómicas);
c) óleos, *collages*, folletos, carteles, anuncios, pictogramas, chapas, pegatinas, etc.

– Imágenes lógicas, que no tienen relación directa con la realidad:

a) diagramas;
b) esquemas.

– Imágenes análogas, que intentan explicar hechos difíciles de explicar con la ayuda de una comparación con algo conocido/real. Muchas veces se usan para explicar las estructuras del idioma que se va a aprender.

B) David Hill, en *Visual Impact* (Longman) hace la siguiente clasificación:

1. Por el tema:
   1.1 La casa: utensilios, habitaciones, muebles...
   1.2 La ciudad: tipos de calzada, edificios, mobiliario, señales de tráfico, espacios abiertos...
   1.3 El transporte:
       – por tierra: de cuatro o más ruedas (coche, camión, caravana...); de dos o tres ruedas (bicicleta, moto...);
       – por aire: globo, *jet*, bimotor...
       – por agua: yate, barco de pesca, submarino...
       – con animales: caballo, burro, camello, elefante...
   1.4 La ropa: subclasificación lo más extensa posible, teniendo en cuenta el contraste hombre/mujer, salir/estar en casa, verano/invierno, de nuestra cultura/de otras culturas, tradicional/moderna, de trabajo/de calle...
   1.5 Comestibles:
       – comidas: frutas, verduras, legumbres...
       – bebidas: calientes/frías, alcohólicas/no alcohólicas...
       – tabaco: cigarrillos, puros...
   1.6 Retratos: gente de todas las edades, ambos sexos, diferentes estilos, tipos sociales, culturas... (distinguir bloques como "famosos/no famosos", etc.).
   1.7 Paisajes: el mar, la montaña, granjas, paisajes salvajes...
   1.8 Profesiones/Ocupaciones.
   1.9 El tiempo y las estaciones.
   1.10 El cuerpo humano.
   1.11 Animales: domésticos/salvajes, asociados a la cultura de nuestros estudiantes...
   1.12 Deportes: imágenes de los deportes en sí y también del equipo que se requiere para practicarlo. Deportes acuáticos, individuales/en equipo, de pelota/de pala...
   1.13 Música y danza: incluye una larga lista de imágenes (instrumentos, músicos, danza, tipos de música...).

1.14 Acciones.

1.15 Objetos personales: pequeños objetos que podemos llevar en nuestro bolso o bolsillo (bolígrafo, lápiz, sellos, caramelos, monedas, llaves...).

2. Por el tipo de imágenes:
   2.1 Fotos: en color/en blanco y negro.
   2.2 Dibujos: en color/en blanco y negro.
   2.3 Cómics.

3. Por el tamaño:
   3.1 20x30 cm. Grande (para trabajo plenario o grupos de trabajo cuando sea necesario resaltar los detalles de la imagen).
   3.2 10x15 cm. Medio (útil para grupos de trabajo).
   3.3 5x5 cm. Pequeño (ideal para juegos y otras actividades de grupo).

C) Günter Gerngross y Herbert Puchta, en *Pictures in Action* (Prentice), clasifican las imágenes en:

1. Fotografías de revistas o periódicos, categoría general que incluye subcategorías muy diferentes: retratos, fotos de acción, paisajes, objetos, animales...

2. Fotografías personales, tomadas por el profesor, los estudiantes o alguna otra persona, y seleccionadas por el profesor o por los estudiantes para usarlas en una actividad en concreto.

3. Dibujos: otra categoría muy amplia que incluye material visual como reproducciones de arte, pegatinas, mapas...

4. Cómics: caricaturas, chistes, tiras...

5. Apoyo visual en la clase: todo tipo de estímulos visuales creados para ser usados en la clase.

6. Propaganda: cualquier material que se ha producido con la intención de atraer a un posible cliente, incluyendo las cubiertas de los libros y los anuncios.

D) Manuel Alonso y Luis Matilla, en *Imágenes en acción* (1990, pág. 59), hacen la siguiente clasificación:

• Imágenes de soporte mural: cuadros, pósters, carteleras, vidrieras, vallas en puertas y paneles...

- Imágenes de soporte personal: tatuajes, maquillaje, vestidos en cuanto tales y como portadores de imágenes, uniformes, ornamentos, galones, distintivos, insignias, pegatinas....
- Imágenes de procedencia editorial: tebeos, fotonovelas, ilustraciones de libros y revistas, fundas de discos, estampas y recordatorios, planos y mapas, prospectos, gráficas y diagramas, sellos, cromos...
- Imágenes-objeto o acompañantes del objeto: decorados, fotografía, escultura, maniquíes, banderas, postales, señales de tráfico, juguetes, naipes, monedas y billetes, joyas, posavasos, platos, jarrones, muebles, envoltorios, bolsas, cajas, latas...
- Imágenes-espectáculo: cine, televisión, fuegos de artificio, exhibiciones y paradas...

* Intente reflexionar sobre las diferencias que encuentra entre las clasificaciones que le hemos presentado y acerca de los criterios en que están basadas.

* ¿Cuál le parece más útil? ¿Por qué?

En definitiva, cualquier propuesta de clasificación será modificable en función de las necesidades de la clase y del/de la docente.

Capítulo 3: Formas de presentación[1]

Como ya comentábamos en el capítulo 1, uno de los criterios didácticos que hay que tener en cuenta en el momento de usar imágenes es que estas nos permitan cambiar de soporte: transparencia, diapositiva, cartel, etc. El hecho de que una imagen admita diferentes formas de presentación multiplica y mejora el trabajo que podemos hacer con ella en el aula. El cambio de soporte, por un lado, nos permite adaptar mejor el material al objetivo deseado y, por otro, incide directamente en la distribución de los/las aprendientes en grupos, en parejas o individualmente. Ambas cosas harán la clase más productiva, más dinámica y más divertida.

TAREA 16: Pensemos en esta actividad del libro *Planet@ 1* (pág.71):

Elige con tu compañero/a uno de estos personajes. Piensa qué les gusta hacer en su tiempo libre.

1. Juan Carlos I Rey

2. Montserrat Caballé

3. Igor Yebra

5. Inés Sastre

A	le gusta	muchísimo mucho bastante un poco ...	...	porque le parece	guapo/a elegante interesante bueno/a malo/a ...

---

[1] Ver PAP *Cómo trabajar con libros de texto*. Matilde Cerrolaza y Óscar Cerrolaza.

¿Cómo presentaríamos este material en clase? Aquí tenemos algunas posibilidades:

1. Cada aprendiente tendría su material.
2. Recortaría y ampliaría cada una de las fotos y las distribuiría entre los/las aprendientes.
3. Buscaría en revistas fotos de personajes famosos, las pegaría en cartulinas y las distribuiría entre los/las aprendientes.
4. Haría una transparencia de esa página.
5. Pondría las fotos ampliadas en una cartulina para hacer un cartel que mostrar a toda la clase.

• ¿Se le ocurre alguna más?

....

• De todas las formas de presentación vistas, ¿cuál es la que resulta más motivadora y cuál menos?

....

• ¿Cuál favorece una dinámica más espontánea, más natural, más real?

....

• ¿Cuál es más aburrida?

....

• ¿En cuál de ellas el/la docente tiene que dirigir más la actividad?

....

• ¿Cuál de ellas es la más atractiva desde el punto de vista estético?

....

Cualquier imagen puede admitir diferentes soportes: transparencia, tarjetas, carteles…, pero en cada caso tendremos que elegir el que resulte más motivador, más atractivo desde un punto de vista estético y que favorezca una dinámica más espontánea. El éxito de una actividad va a depender en muchas ocasiones de cómo presentemos el material, por eso consideramos que didactizar requiere también una fase previa de bricolaje, en la que el/la docente haga uso también de su creatividad, para aprovechar la imagen en todas sus posibilidades y hacer de esta un material lo más atractivo posible.

Tarea 17: La transparencia

Supongamos que queremos trabajar en clase la situación comunicativa de protestar. En el libro *Esto funciona A* (pág. 35) hay unos diálogos integrados en la imagen de un camping; véase:

Como paso previo a la comprensión auditiva de esos diálogos necesitamos una fase de preparación* en la que se contextualice el diálogo, para que al/a la aprendiente le resulte más fácil. ¿Cómo trabajaríamos esta imagen?:

1. Haría una transparencia quitando los textos escritos.

2. Daría a cada aprendiente una fotocopia sin el texto.

3. Ampliaría la imagen y haría un cartel.

4. Llevaría una foto o una diapositiva de un camping.

• Señale la que le parezca más adecuada. ¿Por qué?

....

....

....

....

....

• Como el medio conlleva implícitamente la forma de trabajar esa actividad en el grupo, ¿cuál sería la forma social de trabajo (plenaria, por parejas, por grupos, individual) más adecuada para esa contextualización?

....

Probablemente la transparencia sería el soporte más adecuado para el propósito que nos hemos marcado, porque está focalizando la atención del grupo en un punto común, y, por tanto, preparándole para la audición posterior. Además, el/la aprendiente que sea más tímido/a se sentirá menos presionado/a a la hora de expresar su opinión, y al apagar la luz se sentirá más relajado/a y menos observado/a. En este caso la forma de trabajo adecuada es la plenaria.

La segunda opción (fotocopia) obliga a una forma social individual, que no es tan válida cuando lo que pretendemos es que todo el grupo dirija su atención hacia los mismos puntos y, por tanto, tenga la misma información.

El cartel, la foto o la diapositiva conllevan una forma de trabajo plenaria, como en el caso de la transparencia. El cartel, frente a la transparencia, supone una mayor elaboración para obtener el mismo resultado. Una foto o una diapositiva contextualizan también, pero no cumplen nuestro objetivo de preparar para la audición, ya que el/la aprendiente puede dispersarse, centrando su atención en aspectos que no nos interesan en este caso.

TAREA 18: Tarjetas

Vamos a realizar una práctica de acciones habituales con este material del libro *Planet@ 1* (págs. 104-105):

• Piense cuál de estos dos soportes, transparencia o juego de tarjetas, favorece más la producción oral. ¿Por qué?

....

....

....

• ¿Qué forma social de trabajo correspondería a cada uno de los soportes señalados?

....

....

Como de lo que se trata es de hacer una producción oral, la transparencia favorece la participación desigual de los/las aprendientes y restringe el número de frases producidas por cada uno de ellos. En cambio, con las tarjetas esa producción será más equitativa, y cada aprendiente tendrá más oportunidad de hablar al trabajar en parejas o en grupos pequeños. Además, al tener que ordenar la historia, la producción se enriquecerá, ya que los/las aprendientes tendrán que ponerse de acuerdo sobre la colocación de las mismas.

TAREA 19: Cartel

Ahora pretendemos hacer una fase en la que el objetivo es el conocimiento de cómo se expresan los gustos en castellano, y para ello hemos encontrado una simpática visualización de la regla gramatical en el libro *Intercambio 2* (pág. 174):

• Podemos decidir utilizar una transparencia o un cartel. Explique por qué emplearía uno u otro:

....

....

....

....

Con los dos focalizamos la atención y satisfacemos nuestro objetivo; el cartel, además, se convierte en un apoyo permanente, ya que puede quedarse en la clase colgado en la pared, convirtiéndose en un estímulo periférico que actuará de forma consciente o subconsciente en la asimilación de esa estructura.

* Revise el libro que utiliza. ¿Hay ejemplos de visualización de estructuras? ¿Ayudan esas imágenes a la comprensión?

Si la visualización de una estructura no ayuda a la comprensión, no deberíamos utilizarla. La imagen debe ser muy clara para evitar que compitan dos intentos de explicación.

TAREA 20: Manual

Queremos hacer una comprensión auditiva en la que se hacen valoraciones. *Intercambio 2* (pág. 143) propone la siguiente tarea:

• ¿Qué forma social requiere esta comprensión auditiva?

....

• ¿Qué soporte le parece más adecuado para la tarea que plantea el libro? ¿Por qué?

....
....
....

Cuando se trata, por ejemplo, de una actividad como la anterior -una comprensión auditiva en la que el/la aprendiente tiene que señalar las imágenes que corresponden a lo que está escuchando-, es necesario que cada aprendiente disponga de su ejemplar. En este sentido, el manual, frente a otros soportes, resulta más adecuado para una forma de trabajo individual.

TAREA 21: Pizarra

La pizarra es otro medio que también debemos considerar como soporte de imágenes. Observe lo que la docente ha dibujado en la pizarra antes de la lectura de un texto[2]:

* ¿Qué piensa que es esto?

* Y ahora, ¿qué será esto?

---

[2] ¡Anímese a dibujar! Scherling y Schuckall nos muestran cómo hacerlo en su libro *Mit Bildern lernen* (págs. 114-150).

* Y ¿qué puede ser esto?

Ahora lea el texto (*Esto funciona A*, *Libro de ejercicios* -pág.75-, nivel intermedio):

Semáforo

Esa chica de azul que espera ahí enfrente en el semáforo, ¿quién será?, ¿de dónde vendrá?, ¿adónde irá con el bolso en bandolera? Parece vulgar. No sé nada de ella, aunque en otras circunstancias pudo haber sido quizá la mujer de mi vida. Por la calle, entre los dos, pasa un furgón de policía y el aire de la ciudad se rasga con sirenas de ambulancia. La chica será secretaria, enfermera, ama de casa, camarera o profesora. En el bolso llevará un lápiz de labios, un peine, pañuelos de papel, un bono de autobús, polvos para la nariz y una agenda con el teléfono de unos primos del pueblo, de algún amigo, de algún amante. ¿Cuántos amores frustrados habrá tenido? Los anuncios de bebidas se licuan en la chapa de los automóviles. Hay un rumor de motores. La alcantarilla huele a flores negras. La joven me ve desde la otra acera y probablemente también estará pensando algo de mí. Creerá que soy agente de seguros, un tipo calvo, muy maduro, con esposa y tantos hijos o que tengo un negocio de peletería, un llavero en el bolsillo, un ignorado carné de identidad, una úlcera de estómago y 2.500 pesetas en la cartera. Se oyen violentos chirridos de caucho, la tarde ya

ha prendido las cornisas. El semáforo aún está en rojo.

Si esa mujer y yo nos hubiéramos conocido en cierta ocasión tal vez nos habríamos besado, amado, casado, odiado, gritado, reconciliado e incluso separado. Lleva un abrigo azul. Parece un poco frágil y vulgar. No sé nada de ella. Desde el otro bordillo la chica también me observa. ¿Qué estará imaginando? Que soy un sujeto anodino, operado de apendicitis, con muchas letras de cambio firmadas para comprar un vídeo. Sin embargo, pude haber sido el hombre de su vida. Pude haberla llevado a la sierra con una tortilla o a Benidorm con grandes toallas y un patito de goma. Finalmente huye el último coche y el semáforo se abre. Por el paso de peatones la chica avanza hacia mí y yo voy hacia ella. Los dos, al cruzarnos, sorbemos sesgadamente nuestro rostro anodino con una mirada y al llegar cada uno a la acera contraria ya para siempre nos hemos olvidado. En la ciudad se oyen sirenas de ambulancia.

MANUEL VICENT

• ¿Para qué utiliza la docente los dibujos?

....

• ¿Hacia dónde dirige la motivación la docente?

....

• ¿Qué vocabulario suscita?

....

• ¿Qué exponentes nociofuncionales se motivan?

....

• ¿Qué cambiaría si se mostrara el dibujo completo desde el principio?

....

Efectivamente, lo que la docente pretende con sus dibujos es motivar utilizando la pizarra como soporte. A partir de la palabra "semáforo" se suscita el vocabulario relacionado con la calle. Si hubiéramos mostrado el dibujo completo no se habría generado expectación, con lo cual no se habrían motivado los exponentes nocio-funcionales* para expresar hipótesis.

Tarea 22: Marque con una cruz lo que usted crea conveniente.

	FOTOCOPIA	OTROS
Lleva más tiempo confeccionarlo.		
Los/las aprendientes pueden quedárselo.		
Es más barato.		
Requiere más trabajo.		
Ideal para una comprensión auditiva.		
Apto para una forma social individual.		
En casa pueden repasar lo que hayan escrito.		
Resulta más estético.		

La fotocopia como soporte también resulta muy adecuada para ciertas actividades: ejercicios estructurales o de mecanización, esquemas, comprensión escrita o auditi-va..., y tiene la ventaja de que el/la aprendiente puede volver sobre ella, archivarla, etc; pero estéticamente no resulta el soporte más atractivo para una imagen.

Tendríamos que volver a insistir en que el objetivo didáctico de la clase decidirá qué imagen vamos a elegir. Cómo presentemos ese material y la forma social de traba-jarlo estarán estrechamente vinculados entre sí.

Capítulo 4: Imágenes, herramientas útiles para cumplir cualquier objetivo[3]

Nuestra idea al plantear este capítulo es que todos/as, como docentes, seamos conscientes de que las imágenes pueden ser utilizadas para dar los conocimientos y las estrategias que permitan a nuestros/as aprendientes "manejarse y sobrevivir en un entorno lingüístico diferente al suyo" *(Cómo trabajar con libros de texto)*, es decir, cumplir los objetivos generales del aprendizaje.

Como dicen Matilde Cerrolaza y Óscar Cerrolaza en su libro, "en cualquier clase existe la intención o el objetivo claro de hacer avanzar al alumno en su proceso de aprendizaje o adquisición de la lengua (...). El/la docente pretende que el/la aprendiente después de la clase sepa cosas que antes ignoraba, entienda ciertas estructuras lingüísticas y sus valores expresivos, que antes le eran ocultos, sea capaz de realizar ciertas cosas que antes no era capaz de realizar, y modifique ciertas actitudes.

Estos cuatro puntos son lo que se llaman los objetivos generales del aprendizaje:

Conocimiento: se pretende que el/la aprendiente conozca algo que antes no sabía, por ejemplo, un cierto vocabulario que antes le era desconocido.

Entendimiento: que el/la aprendiente comprenda las estructuras lingüísticas (sintácticas, morfológicas y léxicas, etc.). (...)

Destrezas: que el/la aprendiente adquiera estrategias de comunicación para poder realizar operaciones de expresión oral* de intercambio (hablar y escuchar) y estrategias de comprensión* lectora, así como de producción escrita, de acuerdo a la situación y a la intención comunicativa.

Actitudes: que se produzca algún tipo de modificación en la posición que el/la aprendiente tiene respecto a su visión de la cultura anfitriona, respecto a su relación con sus compañeros y respecto a su concepción del aprendizaje".

---

[3] Ver PAP *Cómo trabajar con libros de texto*.

Mire las siguientes imágenes sacadas de manuales:

1. Pídele permiso a un compañero para hacer estas cosas. Explícale la razón. Él te lo va a conceder, ¿no?

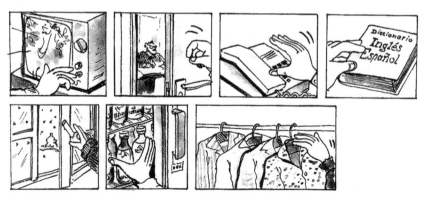

Intercambio 1. Ed. Difusión.

2. Escucha las siguientes conversaciones. ¿Están bien? ¿Qué les duele? Señálalo en el dibujo.

Intercambio 1.

3.

Ele 2. Ed. SM.

4.

Intercambio 2.

5. Escucha y responde a las preguntas.

Para empezar A.

6.

Intercambio 2.

7.

¿Qué hacen las personas del dibujo? ¿Cómo son? Cuéntaselo a tu compañero. Los siguientes adjetivos te pueden ayudar.

simpático	tímido	divertido	paciente	charlatán
abierto	romántico	detallista	gracioso	

Ele 2.

8. Aquí tienes un pequeño cuento al que le puedes añadir una serie de circunstancias que rodean los hechos. Prepáralo individualmente y luego discute con tus compañeros para llegar a una única versión.

Una vez había una bruja que se llamaba Pirulina. Pirulina era una bruja malísima, como todas las brujas....Pero tenía un problema:.....

Un día todos los brujos y brujas hicieron una fiesta porque......Allí Pirulina conoció al brujo Lucianus. El brujo Lucianus......

Bailaron con sus escobas, tomaron varias pócimas mágicas, comieron murciélagos asados y lo pasaron muy bien. Pirulina se enamoró locamente del brujo Lucianus porque él....., pero él no le hizo ningún caso durante toda la fiesta.

Al cabo de unos días Pirulina fue a visitar a Tarantulina una bruja amiga suya porque..... Esta le dio una pócima mágica para solucionar su problema. La pócima.....

Algunos minutos después Pirulina se convirtió en la más fea de las brujas.
Fue a visitar a Lucianus y éste, al verla, como ....., también se enamoró.

Desde entonces volaron juntos con su escoba, especialmente cuando......, prepararon brujerías terribles y fueron muy felices.

Rápido.

9.

Esto funciona A.

10.

Intercambio 2.

53

TAREA 23:

1. Marque en el cuadro qué objetivo cumpliría cada una de las imágenes.

	CONOCIMIENTO	ENTENDIMIENTO	DESTREZAS	ACTITUDES
Imagen 1				
Imagen 2				
Imagen 3				
Imagen 4				
Imagen 5				
Imagen 6				
Imagen 7				
Imagen 8				
Imagen 9				
Imagen 10				

2. En el caso de que alguna de ellas tuviera más de uno, señale el objetivo principal*:

....

....

....

....

....

Como usted ha podido comprobar, una imagen puede tener diversas posibilidades de uso, puede servir para diferentes objetivos didácticos: es lo que Reinfried llama "polivalencia de los medios visuales" (1992, pág. 246). Sólo algunos tipos de imágenes condicionan de manera unívoca un determinado fin didáctico. El/la docente tendrá que elegir el que le parezca más adecuado a su objetivo para que no compitan dos en una misma fase.

4.1 Conocimiento

Otro de los objetivos de la clase será que los/las aprendientes conozcan vocabulario, exponentes nocio-funcionales, expresiones idiomáticas y aspectos de la cultura.

• ¿Cómo podemos acercar la realidad que ya conoce el/la aprendiente a la clase?

....

• ¿De qué manera daría a conocer, por ejemplo, un campo semántico nuevo al/a la aprendiente?

....

• ¿Por qué sería práctico utilizar imágenes para cualquier tipo de conocimiento?

....

....

Veamos estas imágenes:

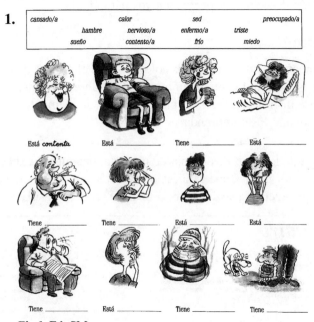

Ele 1. Ed. SM.

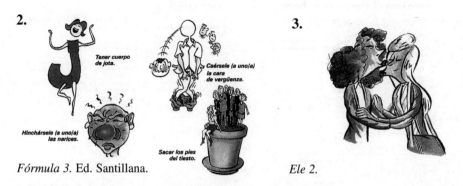

Fórmula 3. Ed. Santillana.   *Ele 2*.

1. ¿Servirían para este objetivo de conocimiento?

....

2. ¿Qué se estaría aprendiendo a través de ellas?

....

3. Además de estas imágenes, ¿se le ocurre otra forma de llevar esto a la clase?

....

Si las imágenes resultan importantes para cumplir cualquier objetivo, mucho más lo son en fases de conocimiento, ya que actúan como un sustituto de la realidad y, como tal, conectan con el mundo conocido por el/la aprendiente. En imágenes de contenido cultural, el/la aprendiente no sólo registrará la información ya conocida, sino que también descubrirá aspectos nuevos para él/ella.

4.2 Entendimiento

Uno de los comentarios de nuestros/as colegas sobre el porqué de usar imágenes en las clases era: "si lo ven, lo entienden mejor", "me ahorro explicaciones". Las imágenes resultan utilísimas en fases de presentación* de elementos funcionales, para que el/la aprendiente los comprenda.

TAREA 24: Aquí tenemos dos formas de presentar una misma explicación gramatical. En una se nos plantea una explicación que el/la aprendiente tiene que leer. En la otra, el/la aprendiente tiene que colocar unas fichas en su casilla correspondiente.

---

25 Modo imperativo

1 FORMAS

Desde un punto de vista formal, ya se ha dicho que el imperativo sólo tiene formas propias en las segundas personas y que para las demás personas utiliza las del presente de subjuntivo.

■ *Imperativo reflexivo*

En su forma afirmativa, los pronombres van siempre detrás del verbo y unidos a éste.

Se suprime la **s** de la terminación en la primera persona del plural.

Se suprime la **d** de la terminación en la segunda persona del plural.

•ejemplo: **Beberse**

imperativo	pronombres reflexivos	imperativo reflexivo
bebe	+te	**bébete**
beba	+se	**bébase**
bebamos	+nos	**bebámonos**
bebed	+os	**beboos**
beban	+se	**bébanse**

■ *Imperativo negativo*

Es el presente de subjuntivo en forma negativa.

•ejemplo: **Comer**

forma afirmativa		forma negativa
come	tú	**no comas**
coma	él / ella / usted	**no coma**
comamos	nosotros/as	**no comamos**
comed	vosotros/as	**no comáis**
coman	ellos / ellas / ustedes	**no coman**

2 USOS DEL IMPERATIVO

El modo imperativo expresa **órdenes, mandatos, ruegos y deseos**:

> *Habla y escucha.*
> *Venga Vd. aquí, por favor.*

Para las **prohibiciones** no se usa el modo imperativo sino el presente de subjuntivo en forma negativa:

> *No hables* (tú).

Observaciones:

•En las órdenes y prohibiciones se utiliza también a menudo el infinitivo en lugar del imperativo. Es un uso poco correcto pero que se va extendiendo:

Levantaros tarde,	por	*levantaos tarde.*
Iros pronto,	por	*idos pronto.*
No pasar,	por	*no paséis / no pasen / no pase.*
No tocar,	por	*no toquéis / no toquen / no toque.*

•Cuando el imperativo va acompañado de pronombres personales, éstos se colocan detrás del verbo de manera enclítica:

> *Siéntate aquí.*

Curso Práctico, Gramática de español lengua extranjera. Ed. Edelsa Grupo Didascalia.

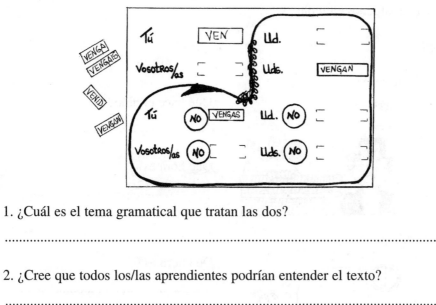

1. ¿Cuál es el tema gramatical que tratan las dos?

....

2. ¿Cree que todos los/las aprendientes podrían entender el texto?

....

3. ¿En qué se diferencian?

....

4. Si tuviera que hacer una fase de entendimiento en una clase de E/LE, ¿cuál utilizaría? ¿Por qué?

....

....

....

....

En una fase de este tipo es importantísimo acudir a una explicación que resulte sencilla y clara para el/la aprendiente. El texto es una explicación gramatical que maneja un metalenguaje que no tiene por qué serle familiar a todos los/las aprendientes. El cartel, a través de colores y formas, está transmitiendo contenidos estructurales abstractos sin necesidad de explicarlos con una terminología lingüística. El dibujo que representa la bota encierra todas las órdenes formales y negativas que coinciden con las del presente de subjuntivo; de esta manera se conecta con una forma de adquisición intuitiva de la lengua que resulta más asequible y natural a los/las aprendientes. Estos juegan con las formas verbales, reconociéndolas quienes ya las conocen o deduciéndolas quienes no las saben todavía.

Vamos a ver algunos ejemplos:

Ejemplo 1

Primer dibujo

¿Qué hace el niño?

....

¿Qué hora es?

....

Segundo dibujo

¿Qué hora es?

....

¿Y el niño, qué hace?

....

¿Qué dice la madre?

....

Tercer dibujo

¡Por fin! El niño...

....

1. ¿Qué estructuras gramaticales estamos trabajando?

....

2. ¿Qué elementos de la imagen ayudan a la comprensión de dichas estructuras?

....

3. ¿Qué pretendemos quitando el texto?

....

Evidentemente, el/la docente, a partir de las imágenes, va guiando con sus preguntas hacia la intención comunicativa de expresar acciones que duran y acciones que terminan. Sin el reloj, sería imposible lograr ese entendimiento. Ocultando el texto, conseguimos provocar la necesidad lingüística en el/la aprendiente, de manera que, cuando vea la tira completa, ya estará preparado/a para entender el significado de las estructuras gramaticales (que, en este caso, responden a las perífrasis SEGUIR + gerundio y DEJAR DE + infinitivo).

Tira completa

Esto funciona B. Ed. Edelsa Grupo Didascalia.

Otra buena posibilidad para trabajar las perífrasis es usar fotos a las que se les pueda aplicar el criterio de la amplitud temporal: ¿qué acaba de pasar, hacer...?, ¿qué sigue pasando, haciendo...?, ¿qué terminará pasando...?, etc.

Ejemplo 2: Trabajo con símbolos gramaticales

Indicativo/Subjuntivo

Vamos a suponer que tenemos un grupo de aprendientes de nivel intermedio/avanzado, que siente la necesidad de hacer una sistematización de la diferencia indicativo/subjuntivo. Para ello, contamos a nuestros/as aprendientes que ayer conocimos a dos amigos que nos gustaría presentarles:

"Mirad, éste es mi amigo Don Indicativo:

Es un hombre muy serio y muy formal. Le gusta enseñar y explicar las cosas: lo que piensa, lo que opina, lo que ve, lo que nota, lo que sabe y lo que cree. Como veis, tiene escrita la "i" de información, porque eso es lo que más le gusta. Además, como es una persona mayor, le gusta hablar de sus batallitas, del pasado, de cómo fue su vida y de todo lo que ha vivido. También habla siempre de sus amigos y de sus conocidos, cómo son, qué hacen, etc., y de los sitios que ha conocido y en los que ha estado. Es una persona con los pies en la tierra.

Esta otra es Doña Subjuntiva:

Es una mujer muy sensible. Como es muy habladora, siempre cuenta sus sentimientos y sus gustos; también es muy dominante y quiere influir sobre los demás, así que dice lo que quiere que otros hagan, lo que le gusta o molesta de los demás, etc. Ella es muy positiva y optimista y siempre mira hacia el futuro, no le importa lo que ha pasado, sino lo que va a pasar, porque es un poco bruja y sabe ver el futuro. Doña Subjuntiva tiene muchos amigos, pero le encanta imaginarse otros nuevos, conocer gente o imaginarse viajes a lugares exóticos donde nunca ha estado.

Estos son mis amigos, ¿qué os parecen?".

A continuación, los/las aprendientes se imaginan a los dos y dicen cosas sobre ellos. Después les damos unos papelitos en forma de bocadillos para que los coloquen al lado de cada una de las figuras.

SER/ESTAR

Al igual que en el ejemplo anterior, lo que pretendemos ahora es sistematizar las diferencias entre algunos usos de "ser" y "estar" para un grupo de nivel intermedio/avanzado. Les explicamos lo siguiente:

"Ayer estuve en una discoteca y allí conocí a dos personas fantásticas. La primera era simpática, muy habladora y estuvo todo el rato hablando de sí misma. Me dijo su nombre y dónde vivía, era de un pueblo al norte del país; me dijo cuál era su trabajo, relaciones públicas, lo difícil que era a veces y lo que le gustaba. Después me habló de lo mucho que ligaba por lo simpática, divertida y amable que era. De la segunda persona no pude saber mucho, no me quiso decir ni su nombre ni su profesión ni nada personal. Yo creo que sé por qué. En cambio, estuve mucho tiempo con ella, estuvimos hablando y bebiendo mucho. Me dijo por qué estaba allí y lo que estaba haciendo. Me describió cómo había llegado a lo que ahora era".

Les presentamos las figuras:

Los/las aprendientes imaginan cosas sobre ellas y después se les dan bocadillos para que los asocien con una u otra.

Felipe...

Simpático, amable...

De vacaciones...

Relaciones públicas...

Buscando a...

4.3 Destrezas

Si las imágenes son útiles para conseguir un objetivo de conocimiento y de entendimiento, como hemos visto a lo largo del capítulo, resultan fundamentales para el desarrollo de destrezas. Vamos a ver en primer lugar las destrezas de comprensión y después pasaremos a las de producción.

4.3.1 Destrezas de comprensión

TAREA 25: Ahora queremos que nuestros/as aprendientes sean capaces de comprender un programa radiofónico en el que se dan consejos como respuesta a las cartas que han enviado los/las oyentes. Para ello, decidimos hacer la siguiente audición y directamente les ponemos la cinta. Presentamos a continuación la transcripción correspondiente a dicha audición (*Esto funciona A, Libro del alumno*, pág. 29).

Querida señora:

Estoy un poco avergonzado de escribirle porque un hombre como yo parece que no se debe meter en cosas como éstas. Pero un amigo me ha dicho que quizá usted, que es tan inteligente, podría ayudarme. Soy un hombre de 28 años, muy tímido y, cuando las chicas me hablan, me pongo muy nervioso y colorado y lo que me pasa es que por eso siempre estoy solo y tengo pocos amigos. ¿Qué puedo hacer para solucionar mi problema?

Atentamente: Tímido.

Querido tímido:

No debe avergonzarse por pedir un consejo. Su problema es muy normal. Un hombre tímido también tiene su atractivo. Yo, en su lugar, no le daría más importancia de la que tiene pero intentaría conocer más chicas, saldría más y, así, podrá sentirse más seguro de sí mismo y ya verá como, poco a poco, superará esa timidez.

Carta de una desesperada

Estimada Magdalena Francés:

Primeramente le doy la enhorabuena por sus estupendos consejos. Pongo toda mi confianza en usted ya que, señora, aunque no lo crea, no tengo a casi nadie en quien pueda confiar.

Soy una chica de 19 años y no sé qué hacer, estoy desesperada. Mi problema es el siguiente: tengo novio desde hace dos años y nos hemos llevado siempre muy bien hasta ahora. En este momento está en la mili. Sufrí muchísimo por la separación y ahora me parece que le he dejado de querer. Parezco tranquila pero cuando le veo me pongo muy nerviosa y sufro mucho. Últimamente no tengo ganas de salir, ni de comer, no duermo por las noches... Por favor, ayúdeme, he perdido la ilusión de vivir, a veces, me dan ganas de...

Desesperada.

Querida amiga desesperada:

Yo, en tu lugar, hablaría con él y le contaría todas tus dudas. Si empiezas a dudar, es, por regla general, que no le quieres, por lo menos como antes. ¿Y no crees que es mejor decirle la verdad? Es muy doloroso y generalmente nos da miedo pero hay que aceptar la realidad. Tú que eres joven debes aceptarla y ya verás como superarás todos tus problemas. Es necesario pasar por estas experiencias para poder madurar. La vida es muy bonita. Si vuelves a necesitarme, ya sabes dónde estoy.

Tuya siempre: Magdalena Francés.

Y esto, queridos oyentes, ha sido todo por hoy...

• ¿Qué cree que ocurriría?

1. Los/las aprendientes se sentirían perdidos.   SÍ   NO

2. Entenderían todo.   SÍ   NO

3. Necesitarían las aclaraciones del/de la docente.   SÍ   NO

4. Necesitaríamos repetir la audición.   SÍ   NO

5. Los/las aprendientes desconectarían.   SÍ   NO

Para evitar que el/la aprendiente se sienta frustrado/a por no entender nada o casi nada, y para evitar que el/la docente tenga que dar excesivas explicaciones (que tampoco serían en ningún caso suficientes)... ¿qué se le ocurriría hacer como paso previo a la audición?

....

....

El manual nos ofrece estas imágenes:

1. ¿Se las mostraría antes al grupo? ¿Por qué?

....

....

....

....

2. ¿Qué soporte/medio utilizaría? ¿Por qué?

....

....

....

....

3. ¿Utilizaría algún procedimiento de trabajo previo a la presentación de las imágenes?

....

....

....

....

4. ¿Qué impulso (pregunta, comentario, hipótesis) daría en el momento de mostrarlas?

....

....

....

....

5. Suponiendo que hubiera dado todos o alguno de estos pasos previos, ¿cómo se sentiría el/la aprendiente ahora?

....

....

....

....

6. ¿Cree que el/la docente lograría su objetivo? ¿Por qué?

....

....

....

....

El éxito de la audición dependerá de la preparación que se realice previamente. En este caso, se resuelve con las imágenes que ofrece el manual y que deberíamos presentar en una transparencia para focalizar la atención del grupo. Aunque las imágenes por sí mismas serían suficientes para suscitar el interés de los/las aprendientes, antes podríamos también aprovechar el tema de los programas radiofónicos para crear un marco común y para que el/la aprendiente aporte así su conocimiento del mundo.

En cuanto a los posibles impulsos que daríamos en el momento de mostrarlas, haríamos preguntas como estas: "¿qué está haciendo la anciana?", "¿qué tipo de programa escuchará?", "¿qué hace la locutora?", etc. Siguiendo estos pasos, los/las aprendientes estarían preparados, y no se sentirían perdidos, para entender más fácilmente la audición, porque, además de que podrían prever muchas cosas sobre lo que se va a escuchar, las imágenes también ayudarían a relajar la tensión que provoca toda audición. De este modo, el/la docente habría conseguido su objetivo.

TAREA 26: De la misma manera que la imagen puede servirnos como motivación de una comprensión auditiva, así también podemos utilizarla como preparación a una comprensión lectora.

Vea este texto acompañado de imágenes:

En España hay muchos bares y restaurantes.

Los bares son muy importantes en la vida de los españoles: por la mañana, al mediodía, por la tarde y por la noche. Por la mañana, porque mucha gente desayuna fuera de casa, en una cafetería. Antes de comer, la gente toma el aperitivo: una bebida y unas tapas. Las tapas son pequeñas cantidades de comida de muchas clases. Por la tarde, después de comer, bastante gente, especialmente los hombres y especialmente en los pueblos, toma café en un bar. A media tarde, especialmente las mujeres, meriendan en un bar: pasteles, café, té, etc. Antes de cenar, se toma otro aperitivo. Y, por la noche, después de cenar, especialmente los jóvenes, van a los bares para tomar copas con los amigos.

Intercambio 1.

1. ¿Dan las imágenes información que no aparece en el texto?

....

....

....

2. Compare las informaciones que da el texto con las que dan las imágenes.

....

....

....

....

....

3. ¿Daría las imágenes antes de leer el texto o lo haría al mismo tiempo? ¿Por qué?

....

....

....

....

4. Si diera las imágenes antes de la lectura del texto, ¿cómo las trabajaría?

....

....

....

....

....

....

....

En la mayoría de los manuales es frecuente encontrar textos acompañados de imágenes. Siempre que sea posible, lo conveniente sería trabajar por separado las dos fuentes de información. En primer lugar, si trabajamos la imagen antes de la lectura del texto, lograremos nuestro objetivo de motivar a los/las aprendientes. En segundo lugar, parece claro que el/la aprendiente retiene más información si antes de leer el texto trabajamos la imagen. Además, textos difíciles pueden perder su dificultad al ir acompañados de imágenes, aunque, eso sí, también hay textos demasiado complejos como para simplificarlos en una imagen, o textos que no son visualizables.

Puede haber diferentes relaciones imagen-texto:

– Texto e imagen se complementan.
– Texto e imagen se contradicen, lo cual puede ser provechoso didácticamente siempre que se haga conscientemente.
– Imagen como ilustración del texto, es decir, ambos coinciden en la información dada.
– La imagen prepara para la información del texto.
– La imagen es puramente decorativa y no es necesaria para llegar a la meta de la enseñanza.

Si la combinación imagen-texto proporciona ayuda en el proceso de aprendizaje, es importante que la imagen no sea meramente decorativa, sino que contenga informaciones relevantes, pues sólo de este modo se aprovechará como fuente de información.

TAREA 27:

Mire detenidamente esta foto:

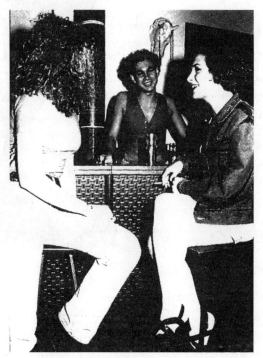

Tareas. C de cultura.

- ¿En qué tipo de local (café, discoteca, bar de copas...) piensa que se encuentran las chicas?

....

- ¿Qué momento del día cree que será?

....

- ¿Qué actividad realizan: comer, picar algo, tomar un aperitivo, tomar una copa...?

....

Lea el diálogo y, a partir de éste, conteste de nuevo a las preguntas anteriores.

Otra vez en el bar

- ¿Qué vas a tomar?
- ° Un café con leche, por favor.
- ¿Un café?, ¿a estas horas?
- ° Sí, es que me apetece muchísimo.
- Pero, hombre, ¿no prefieres una caña y picar algo?
- ° No, de verdad, es que yo normalmente...

....
....
....

1. ¿Cree que esta foto sirve para contextualizar este texto? ¿Por qué?

....
....
....

2. ¿Qué foto piensa usted que contextualizaría este diálogo?

....
....
....

Ya hemos visto que una imagen puede ser fundamental para motivar y además para mostrar contenidos culturales, pero en este caso el texto y la imagen no se corresponden: el texto se refiere al aperitivo, en cambio, en la foto las jóvenes toman una copa; el local de la foto es un bar de copas, mientras que el aperitivo se tomaría en un bar, mesón, taberna, etc. Como el texto y la foto dan informaciones diferentes, en lugar de contextualizar y aclarar significados, lo que conseguimos es confundir al/a la aprendiente, que terminaría pensando que comer equivale a cenar y se hace a medianoche, y que el aperitivo se toma antes, en un bar de copas.

Tal vez, una foto más adecuada sería esta, por ejemplo:

Planet@ 2.

4.3.2 Destrezas de producción

TAREA 28: Cuando trabaja con imágenes para que los/las aprendientes escriban o hablen, ¿con qué frecuencia la actividad de los mismos es...?

	MUCHO	BASTANTE	POCO	NADA
Describir.				
Hacer hipótesis.				
Opinar.				
Discutir sobre un tema.				
Comparar.				
Transmitir información.				
Contar una historia.				
Expresar sentimientos.				

• Piense y escriba qué tipo de imágenes se adecuarían mejor a cada una de esas actividades.

....

....

....

....

....

....

....

Las imágenes, en general, son un estímulo ideal para una fase de prácticas en la que desarrollar tanto la expresión oral como la expresión escrita*. Para cumplir los otros objetivos (conocimiento, entendimiento, actitudes) no todas las imágenes son válidas, habrá que elegir previamente la adecuada. Sin embargo, cualquiera de ellas, en principio, es susceptible de provocar una producción oral o escrita. Claro está que seleccionaremos aquellas que se presten mejor a funciones comunicativas y al tema del que tratemos.

Con algunas imágenes podrían surgir múltiples temas de conversación, pero sería forzado pretender que el/la aprendiente se concentrara en un objetivo lingüístico concreto, o también podría suceder al revés. En algunos casos, la imagen es suficiente, el/la docente no tiene que marcar las directrices de la actividad con exhaustividad; en otros, las directrices serán muy importantes para graduar la producción: tendremos que tener en cuenta si lo que nos interesa es fijar una estructura gramatical, practicar una función comunicativa o discutir sobre un tema. En relación con ello, aplicaremos también unos procedimientos determinados, como veremos más detalladamente en el capítulo siguiente.

Capítulo 5: Procedimientos en el trabajo con imágenes

En este capítulo nos vamos a ocupar de las diferentes posibilidades de trabajo con las imágenes. Una vez fijado el objetivo y elegida la imagen adecuada para trabajarlo, será el momento de plantearse cómo proceder con la misma: ¿qué hacer con la imagen antes o al presentarla al grupo?, ¿cómo podemos manipularla?, ¿cómo sacar mayor provecho de ella?, ¿qué hacer con ella después de mostrarla?

• ¿Podría apuntar algunas técnicas que aplica cuando trabaja con imágenes?

....

....

....

Dada la amplia variedad de procedimientos que hemos recogido para trabajar con imágenes, nos ha parecido oportuno, con la intención de conseguir una cierta sistematización y una mayor claridad, establecer tres grupos:

      a) técnicas que aplicamos antes de mostrar la imagen,
      b) las que usamos en el momento de enseñarla,
      c) las que empleamos después de que haya sido vista por los/las aprendientes.

5.1 Antes de…

Dentro de este apartado hemos incluido dos procedimientos: la lluvia de ideas y sus ventajas frente a la lista de vocabulario, en primer lugar, y, en segundo, lo que hemos llamado "dar impulsos".

5.1.1 Lluvia de ideas/Lista de vocabulario

TAREA 29: Vamos a plantear un ejemplo de clase en el que la actividad de aprendizaje* de los/las aprendientes consista en explicar, utilizando imperativos, una receta de cocina a partir de las imágenes que ofrece el manual.

1. Apunte todo lo que asocie con la palabra "cocinar":

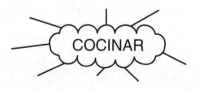

---

2. Responda a las siguientes preguntas:

• ¿Ha apuntado vocabulario de alimentos, objetos, acciones y/o expresiones?

....

• ¿Cree que sería un buen momento para corregir y ampliar el vocabulario de los/las aprendientes?

....

3. Mire estos dibujos:

Cumbre. Nivel elemental. Ed. SGEL.

• ¿Qué ventajas/inconvenientes tendría la lluvia de ideas frente a una lista de vocabulario que prepare lingüísticamente el trabajo con ellas?

VENTAJAS	INCONVENIENTES
....	....
....	....
....	....
....	....

4. Por ejemplo, podríamos dar esta lista a los/las aprendientes antes de ver los dibujos:

COMIDA	UTENSILIOS	COCINA
aceite	cazuela	calentar
huevos	horno	asar
cebolla	cubiertos	cocer
carne	vaso	pelar
patatas	sartén	cortar
pan	olla	mezclar
pescado	plato	añadir
verdura		poner
fruta		freír
pollo		aderezar
sal		hervir
		romper

• ¿Piensa que espontáneamente obtendría de ellos la mayoría de estas palabras?

....

• ¿Es necesaria la lista para conocer este vocabulario?

....

La lluvia de ideas parece adecuada para:

- preparar el tema de la imagen;
- recoger el vocabulario que los/las aprendientes saben;
- añadir el/la docente nuevas palabras que no conocen;
- nivelar los conocimientos de todo el grupo.

Pero si se trata de dar a conocer un vocabulario nuevo y específico, una lluvia de ideas no será suficiente, habrá que darles el vocabulario utilizando otro procedimiento.

5.1.2 Dar impulsos

El impulso como actividad previa a la presentación de la imagen, o en el momento de enseñarla, puede ser cualquier pregunta, un comentario provocador, plantear una hipótesis o permanecer en silencio y dejar que el grupo observe y reaccione libremente.

Observe este dibujo:

Método de español para extranjeros. Ed. Edinumen.

• ¿Qué impulso daría antes de enseñar la imagen a sus aprendientes?

....

....

• ¿Qué impulso daría al enseñarla?

....

....

El procedimiento de dar impulsos permite al/a la docente crear expectativas e interés sobre el tema que se va a tratar, suscitando de este modo un punto de atención común para todo el grupo, así como revisar vocabulario relacionado con el tema. Todo ello servirá para dirigir más la actividad y provocar una mayor participación del/de la aprendiente, que se implicará de una forma más activa en la misma.

5.2 Durante...

En el grupo de procedimientos que utilizamos al mostrar una imagen, vamos a tratar diversas técnicas para manipular imágenes y así sacar mayor provecho de ellas, y también algunas técnicas de carácter más lúdico para jugar con las imágenes.

5.2.1 Manipulando imágenes

De la misma manera que, cuando trabajamos con un texto, a veces nos interesa cortarlo en tiras o dividirlo en párrafos o crear vacíos de información, la imagen, al ser otro tipo de lenguaje, también permite ser manipulada. Vamos a verlo a continuación con algunos ejemplos:

⇨ TAPAR / DESTAPAR

TAREA 30: Una de las técnicas para llevar a cabo este procedimiento es colocar sobre la imagen una cartulina en la que previamente hemos cortado y numerado unas ventanitas que iremos abriendo sucesivamente hasta descubrir la imagen oculta.

* ¿Qué puede ser esto?

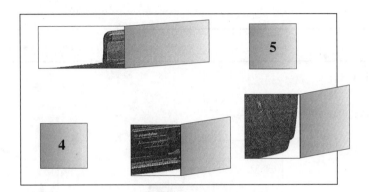

Imagen completa

1. ¿Qué conseguimos tapando y destapando una imagen?

....
....
....

2. Intente buscar ejemplos concretos en los que utilizaría esta técnica de las ventanas.

....

....

....

3. ¿Se le ocurren otras variaciones para tapar y destapar las imágenes?

....

....

....

TAREA 31:

Observe esta imagen:

• ¿Qué preguntas haría a sus aprendientes al mostrar este detalle de la imagen?

....

....

....

....

....

Imagen completa

Para empezar B. Ed. Edelsa Grupo Didascalia.

1. ¿Cree que ha fijado más la atención y ha aumentado el interés de sus aprendientes por la imagen?

....

2. Si no partiéramos del detalle, ¿cree usted que la participación de los/las aprendientes y su producción oral sería la misma?

....

A continuación, vamos a ver dos ejemplos de cómo manipular imágenes:

Ejemplo 1

Observe cómo, al ir descubriendo la imagen, variarán las suposiciones que hagamos sobre ella.

1) – ¿Quién será?
   – ¿Qué le pasará?
   – ¿Qué hará?

2) – ¿Quién será ella?
   – ¿Qué relación tendrán?

3) – ¿Por qué llevará las flores?
   – ¿Dónde estarán?

4) – ¿Qué dirán?

5) – ¿Qué tendría que haber dicho ella?

6)

Esto funciona B.

Ejemplo 2

A. ¿Qué estará pasando?

B. ¿Con quién hablará?

¿Por qué tarda tanto tiempo?

C. Imagen completa

¿A que no sabes...?

En principio, cualquier imagen se presta a ser trabajada con este procedimiento. Sin embargo, "tapar" y "destapar", descubrir poco a poco, se recomienda especialmente en imágenes que muestran situaciones o en las que hay un proceso narrativo. La finalidad de esta técnica es crear una mayor expectación, mantener durante más tiempo el interés y la atención de los/las aprendientes, así como aumentar su participación e intensificar su producción oral.

⇨ FOTO / DIBUJO

TAREA 32: Observe la imagen y conteste a las preguntas:

1. ¿Qué impresión le produce la imagen?

....

....

....

2. ¿Qué efecto tiene la combinación foto-dibujo?

....

....

....

3. ¿Qué función le asignaría al dibujo? ¿Y a la foto?

....

....

....

....

4. ¿Qué información cultural se puede deducir de la imagen?

....

....

....

....

La combinación foto-dibujo es un recurso utilizado frecuentemente para crear un contexto real (foto) como marco de una situación concreta (dibujo), en la que se centrará la atención del/de la aprendiente.

En este tipo de composiciones, la foto aparece como fondo y el dibujo en primer plano, para dirigir el interés del/de la aprendiente y prepararle para la lectura de un diálogo o una audición. Nos parece que, probablemente, se identifica al dibujo con el manual o con actividades de clase, mientras que la foto representa "objetivamente" y, por lo tanto, transmite información cultural que en ningún caso debemos desaprovechar.

⇨ IMÁGENES PARA CONTAR HISTORIAS

TAREA 33: En lugar de presentar el cómic completo a los/las aprendientes, podemos darle un juego de tarjetas que muestren las diferentes secuencias de este, para que ellos/as ordenen la historia.

Humano se nace. Ed. Lumen.

1. ¿Qué ventajas ofrece esta actividad?

....

....

....

2. Si les diéramos la historia sin su final para que ellos/as lo inventaran, ¿añadiríamos alguna otra ventaja?

....

....

....

....

De observar simplemente unas imágenes que cuentan una historia -cómica, en este caso- hemos pasado a crear una actividad que resulta más dinámica y divertida para el/la aprendiente y que permite una variación de la forma social: individual, por parejas o en grupos. Al darles la tarea de ordenar las imágenes, aumentaremos su interés y su capacidad de observación; los/las aprendientes podrán volver a mirar las imágenes las veces que lo necesiten. Al mismo tiempo, estaremos favoreciendo la producción oral por la lógica interna del juego. Si, además, no les diéramos el final, dejándoles actuar sobre la propia historia, potenciaríamos la creatividad del grupo y la expresión de su propio mundo, reflejando diferentes interpretaciones de una misma realidad.

Siempre podríamos presentar también este cómic en una transparencia. ¿De qué manera crearíamos expectación en los/las aprendientes? Si no mostráramos de una vez toda la historia, sino que fuéramos descubriendo las secuencias una a una, aunque no resultara una actividad tan creativa, dinámica y lúdica sí que conseguiríamos que los/las aprendientes mantuvieran la atención más tiempo y fueran contando la historia más extensamente. Sin duda, de esta manera también economizaríamos tiempo y crearíamos un foco común ideal para una forma social plenaria.

Ejemplo 1

En este caso daríamos a los/las aprendientes la tarea de desarrollar la historia partiendo de la primera y última viñetas de la misma. De esta manera se potencia la creatividad, al tratarse de una producción más libre que en el ejemplo anterior.

Ele 1, Libro del alumno.   *Ele 1, Libro del profesor.*

Ejemplo 2

A continuación tenemos viñetas que pertenecen a dos historietas distintas. El trabajo de los/las aprendientes consistirá en agruparlas y ordenarlas para contar dos historias diferentes, teniendo en cuenta que no existe un único orden correcto, sino que dependerá de lo que ellos/as inventen.

Taller de escritura. Cuaderno de actividades. Ed. Edinumen.

⇨ BOCADILLOS

La técnica de trabajar con bocadillos es muy útil para delimitar contextos lingüísticos y, de este modo, centrar al alumnado en la práctica de determinados exponentes nocio-funcionales. Según el procedimiento que utilicemos, variará el grado de extensión y dificultad de la producción.

Ejemplo 1

Los/las aprendientes colocan el texto de los diálogos en los bocadillos correspondientes, como actividad previa a una audición, en este caso.

1 Escucha y señala a qué dibujo corresponde cada diálogo.

F — CHICO, MUCHA SUERTE, ESPERO QUE GANES. / GRACIAS.

E — MAMÁ, ¡QUIERO QUE ME LO COMPRES! / TE HE DICHO QUE NO, DIEGO.

D — ¡OJALÁ ME TOQUE, OJALÁ ME TOQUE! / ¡QUE TENGA SUERTE!

C — ¡OJALÁ ACABEN PRONTO LOS EXÁMENES! / SÍ, A VER SI TERMINAN DE UNA VEZ, PORQUE ESTOY HARTO DE ESTUDIAR.

B — ESPERO QUE TE GUSTE. / SEGURO QUE SÍ, JAVIER. GRACIAS.

A — A VER SI QUEDAMOS ESTA SEMANA, QUE HACE MUCHÍSIMO QUE NO NOS VEMOS. / VALE, YA TE LLAMARÉ.

Ele 2.

Ejemplo 2

Los/las aprendientes tendrán que completar el resto de los bocadillos a partir de un ejemplo.

El País.

Ejemplo 3

En este caso los/las aprendientes tendrán que completar los bocadillos libremente.

El País.

TAREA 34:

1. ¿Qué diferencias observa entre los tres ejemplos?

....

....

....

....

2. ¿Para qué utilizaría cada uno de ellos?

....

....

....

....

En los ejemplos 1 y 2, el/la aprendiente tiene que ceñirse a unas expresiones determinadas. En el ejemplo 3, el/la aprendiente no tiene sólo que reproducir un exponente nocio-funcional, aunque esté dentro de un contexto lingüístico específico. Así, los dos primeros serían válidos en una primera fase para fijar estructuras, mientras que el último permitiría una mayor autonomía al/a la aprendiente, ya que es más creativo, aunque sin olvidar que el/la docente graduará la producción en la medida en que la dirija más o menos. De todos modos, los bocadillos nunca serán el método más indicado para conseguir una producción escrita más libre y más extensa. Si lo que nos interesa es esto último, sería mejor utilizar cómics sin bocadillos, fotos, dibujos, etc.

⇨ SILUETAS

Ejemplo

Otra forma de manipular las imágenes es mostrar sólo las siluetas, para que los/las aprendientes discutan sobre lo que creen ver. Posteriormente compararán con las imágenes que se corresponden con esas siluetas.

111 Kurzrezepte für den Deutschunterricht. Klett.

Wright propone también usar manchas de tinta o pintura para provocar el que los/las aprendientes especulen al igual que hacen con las siluetas.

⇨ IMÁGENES EN MOVIMIENTO

Hasta ahora hemos visto imágenes fijas que representaban cosas, personas, situaciones, instantes de un proceso, pero, ¿cómo podríamos crear movimiento en las imágenes sin entrar en el terreno del vídeo?

Hemos sacado los siguientes ejemplos del libro de Scherling, *Mit Bildern lernen:*

Ejemplo 1: El gato (pág. 56)

El/la docente coloca la imagen del salón en el retroproyector y va moviendo el gato y preguntando a los/las aprendientes: "¿dónde está?".

Mit Bildern lernen. Langenscheidt.

Ejemplo 2 (pág. 59)

Este segundo ejemplo tiene para nosotras un especial encanto, porque recoge la tradición y la magia del guiñol y del teatro de sombras.

Scherling nos explica los pasos para crear y utilizar estas figuras:

Con el movimiento de estas figuras podremos narrar historias, expresando claramente situaciones y acciones, por lo que resulta ideal para trabajar los pasados en español. Frente al vídeo, presenta la ventaja de que no hay una historia fija, sino que los/las aprendientes pueden intervenir en el desarrollo de la misma, modificándola a su gusto de forma dinámica y creativa.

5.2.2 Jugando con imágenes

Dentro de este capítulo dedicado a las técnicas no podemos olvidar el aspecto lúdico y creativo. Según los principios de la psicología del aprendizaje y las últimas teorías de la adquisición de lenguas, sabemos que utilizar técnicas que promueven o potencian la creatividad, estimula la actividad de los dos hemisferios del cerebro, que se complementan entre sí, mejorando el rendimiento en el proceso de aprendizaje. Partiendo de juegos socialmente conocidos, los/las docentes podemos crear materiales con imágenes para las clases de E/LE. Vamos a ver quince de estos procedimientos.

⇨ *MEMORY*

Elaboramos un juego de tarjetas (se aconseja una medida de 7x7 cm.) en el que las imágenes estarán duplicadas. Se mezclarán y se colocarán boca abajo. Los/las aprendientes, por turnos, tienen que descubrir dos tarjetas sin cambiarlas de posición y decir el nombre que corresponde a cada imagen. Si las dos imágenes coinciden, el/la aprendiente se las quedará y tendrá otra oportunidad. Si no coinciden, las pondrá boca abajo de nuevo y el turno pasará al/a la siguiente.

Variación:

Las tarjetas, en lugar de hacerlas con imagen-imagen, pueden confeccionarse con imagen-palabra, con lo que el/la aprendiente tendrá que identificar la palabra que corresponde a cada imagen o al contrario.

Jugando en español. Langenscheidt.

⇨ PARCHÍS

Bajo esta denominación incluimos aquellos juegos para los que sea necesario una cartulina-tablero (una transparencia en el caso de grupos numerosos), fichas y dados. El tablero tendrá cada casilla numerada. Se parte de la SALIDA y ganará quien llegue primero a la meta. Se avanza según indique el dado y siempre que las respuestas sean correctas.

⇨ DOMINÓ

Consta de un juego de tarjetas (preferiblemente de 10x5 cm.) que se componen de dos partes: texto/imagen. Es esencial que las dos partes de cada ficha no se correspondan entre sí, es decir, que la imagen y la palabra no sean iguales. Para jugar, se mezclarán las fichas distribuyéndolas entre los/las aprendientes, que las irán colocando por turno, haciendo coincidir la acción con la imagen correspondiente.

Ej.: desordenado   ordenado

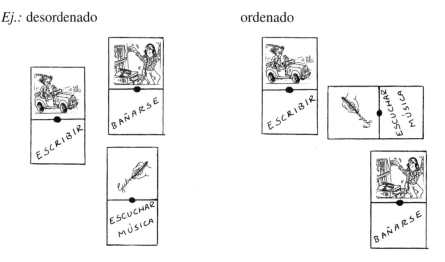

Variación 1:

Las fichas constarán de imagen/imagen. Se irán conectando según la instrucción que dé el/la docente y el objetivo que se haya marcado.

Ej.: pie y calcetín, porque el calcetín
se pone en el pie.

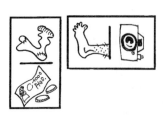

Jugando en español.

Variación 2:

	Un animal muy independiente.
	Es muy malo para la salud.
	Muy práctico para viajar a sitios lejanos.
	Muy útil para la siesta, leer el periódico o ver la televisión.
	Los hay de diferentes colores, pero el más corriente es el negro.
	Las hay de varios colores, pero todas producen un líquido blanco.
	Es muy útil cuando se desconoce una palabra en español.
	Muy útil para viajar por el campo, incluso por la ciudad.
	Si es pequeña sirve para pájaros y si es grande para leones.
	Es un rey muy fiero.

Te toca a ti. Ed. Ministerio de Cultura.

A cada aprendiente se le entregan dos tarjetas, una con una ilustración y otra con una definición referente a alguna de las ilustraciones de los/las otros/as jugadores. La tarjeta con la definición se colocará en la mano derecha, la tarjeta con la ilustración en la mano izquierda. Los/las aprendientes deben intentar formar un círculo colocándose a la derecha del/de la compañero/a que tenga la definición referida a su ilustración y a la izquierda del/de la que tiene la ilustración correspondiente a su definición. Para formar el círculo, los/las aprendientes deberán buscar únicamente a la persona que estará a su derecha, para lo que tendrán que describir el objeto o animal sin utilizar la palabra correspondiente. El juego puede simplificarse utilizando tarjetas con la palabra que corresponde al objeto o animal de la ilustración.

⇨ BINGO O LOTERÍA DE IMÁGENES

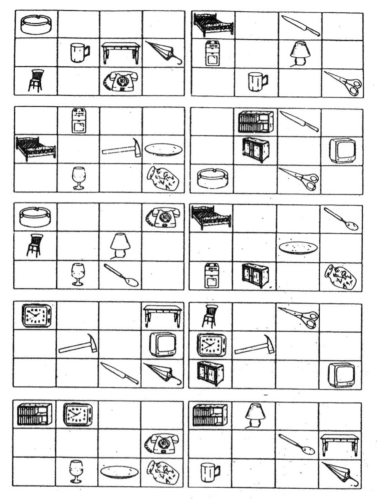

jarrón	cenicero	paraguas	cuchillo	cuchara	silla	televisión
estantería	teléfono	cocina	tijeras	martillo	jarra	despertador
armario	cama	lámpara	copa	plato	mesa	

Versión Original nº 17.

Se reparten las tarjetas entre los/las jugadores/as. Uno/a de ellos/as tiene en una bolsa todas las tarjetas con los nombres de las imágenes. Se van sacando de la bolsa de una en una y se van leyendo en voz alta. Los/las aprendientes van escribiendo el nombre en la casilla que corresponda a la imagen nombrada. Gana el/la primero/a que complete todas las imágenes de su cartón.

⇨ ADIVÍNALO

Se crea un juego de tarjetas en las que pueden aparecer imágenes de animales, objetos o profesiones. Las tarjetas se colocan boca abajo en un montón. El/la aprendiente coge una tarjeta y tiene que describir o definir lo que ve sin mencionar el nombre del objeto/animal/profesión, hasta que sus compañeros/as lo adivinen.

Te toca a ti.

Variación:

Pictures for language learning. CUP.

Cada pareja de aprendientes debe seleccionar una de las parejas que aparece en la imagen y elaborar la conversación que puedan estar manteniendo. El resto del grupo debe adivinar -por el diálogo que reproducen- a cuál de ellas se refieren.

⇨ ENCUENTRA A TU PAREJA

Ejemplo 1: ¿Quién es quién?

Se dispone en clase de dos juegos idénticos de fotos para cada pareja o grupo. Las fotos serán de personas famosas o no famosas. Cada participante o cada grupo tendrá que elegir una de las fotos. La actividad consiste en hacer preguntas del tipo: "¿es rubio/a?", "¿tiene barba?", etc., cuya respuesta sea "sí" o "no", para adivinar en qué foto ha pensado el/la compañero/a o el grupo contrario. Gana quien lo adivine antes.

Rossy de Palma, 28 años, chica Almodóvar y belleza imposible.

Agustín Almodóvar, 37 años, hermano menor y coproductor.

Marisa Paredes, 47 años, la madre de *Tacones lejanos*.

Francisca Caballero, 77 años, su madre y actriz en sus películas.

Marisa Paredes, 47 años, la madre de *Tacones lejanos*.

Francisca Caballero, 77 años, su madre y actriz en sus películas.

Rossy de Palma, 28 años, chica Almodóvar y belleza imposible.

Agustín Almodóvar, 37 años, hermano menor y coproductor.

El País Semanal.

Ejemplo 2:

Te toca a ti.

Organice a los/las aprendientes en grupos y entregue a cada uno/a de ellos/as una de las imágenes (todas tienen que estar duplicadas). Cada aprendiente debe encontrar una pareja igual que la suya, describiéndola o preguntando por la de su compañero/a. No deben mostrárselas hasta que estén totalmente convencidos/as de que son idénticas.

Variación 1:

Se puede jugar con postales, tarjetas de objetos, de animales, etc., siempre que estén duplicadas.

Variación 2:

Utilizamos imágenes de objetos relacionados entre sí; por ejemplo: enchufe/televisión, bota/balón, avión/maleta, etc.

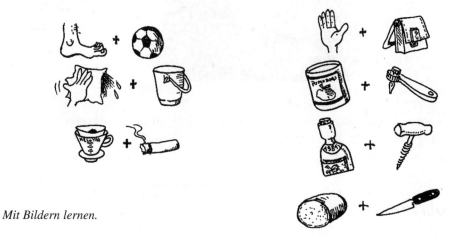

Mit Bildern lernen.

Variación 3:

Dividimos imágenes diferentes en dos y las repartimos entre los/las aprendientes. Estos/as tienen que encontrar, mediante descripciones, la mitad que se corresponde con la parte de imagen que ellos/as tienen.

⇨ **¿CUÁL SOBRA?**

Se reparten entre los/las aprendientes (divididos/as en grupos de tres o cuatro personas) fotos del mismo tamaño, que deben ser todas en blanco y negro o en color. El grupo discute cuál es la foto que sobra, pero es importante que cada aprendiente defienda la pertenencia de su foto al grupo. De la misma manera se puede jugar a ver cuál es la más original.

⇨ PUZZLE

Cortamos la imagen en piezas y las repartimos entre los/las aprendientes. Estos/as tienen que ir explicando lo que ven en su imagen y lo que les parece que es, hasta conseguir componer la imagen.

Variación:

Ele 2.

Les damos a los/as aprendientes el puzzle mal montado de una imagen y ellos/as tienen que adivinar de qué se trata y recomponer la imagen inicial. Se recomienda trabajar con imágenes que no tengan una excesiva dificultad para ser reconstruidas.

⇨ *COLLAGE*

Podemos llevar revistas, folletos, catálogos, etc., para que los/las aprendientes realicen su propio *collage* según la intención del/de la docente: relatar en pasado, aconsejar organizando una ruta turística, comparar, hacer anuncios publicitarios, etc.

Wright propone otras dos actividades:

a) Presentar a los/las aprendientes imágenes de objetos, mapas, lugares y personas. Tendrán que imaginar qué conexiones hay entre ellos/as, simulando que son pistas de un caso policíaco, y redactar un informe como si fueran detectives.

b) Los/las aprendientes realizan un *collage* sobre ellos/as mismos/as, sus intereses, gustos, aficiones, etc. Se pueden utilizar revistas, dibujos o materiales reales (entradas, billetes...). Cada uno/a escribe su nombre detrás del material elegido. Una vez realizado, tratan de interpretar lo que representa el *collage* de cada uno/a.

⇨ JUEGO DE DIFERENCIAS

A.

B.

Te toca a ti.

Se divide la clase en grupos o en parejas. Unos tienen la imagen A y otros la imagen B. Los/las aprendientes tienen que descubrir las diferencias haciéndose preguntas a las que sólo es posible responder "sí" o "no".

Variación:

Proyectamos una transparencia en la que sólo se muestra la primera imagen. El grupo tiene que observarla con atención durante unos segundos. Después se muestra la segunda imagen tapando la primera. Los/las aprendientes observan de nuevo y explican qué cambios se han producido o qué diferencias hay entre una imagen y otra.

⇨ SOPA DE LETRAS

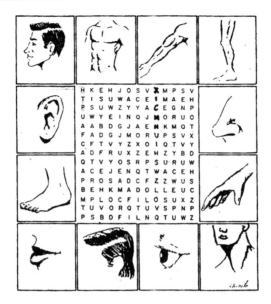

Los/las aprendientes, individualmente o por parejas, intentarán encontrar los nombres que corresponden a las imágenes, buscando de izquierda a derecha, de derecha a izquierda, de arriba a abajo, de abajo a arriba, vertical, horizontal o diagonalmente. Para corregir sería conveniente poner una transparencia con la solución.

⇨ CRUCIGRAMA

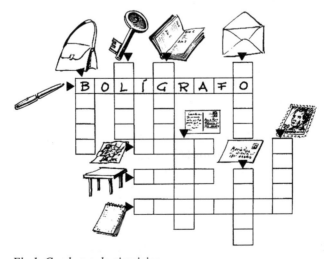

Ele 1, Cuaderno de ejercicios.

También aquí los/las aprendientes completan las casillas según las imágenes que aparezcan. Como en el caso anterior, convendría corregirlo con una transparencia.

⇨ **CARTEL**

Puede ser elaborado por el/la docente o los/las aprendientes.

Themen 1. Hueber.

Fijamos este cartel en la pared y repartimos tarjetas con el nombre de las partes del cuerpo humano, de manera que los/las aprendientes las coloquen en el lugar correspondiente (esta actividad también podría realizarse con una foto). Sería aconsejable que las tarjetas se elaboraran en dos colores: uno para el género masculino y otro para el femenino, y que luego se colocaran los nombres masculinos en la parte de Adán y los femeninos en la de Eva. Este tipo de cartel puede realizarse para cualquier campo semántico.

Como ya habíamos visto, los carteles, al poder quedarse en el aula, resultan un estímulo positivo y un apoyo periférico al que siempre puede acudir el/la aprendiente; constituyen un continuo refuerzo en el proceso de adquisición y asimilación de la lengua y son especialmente eficaces para aquellos aspectos más gramaticales, como se puede ver en el ejemplo siguiente, donde aparece la conjugación del presente del verbo "levantarse" como paradigma de los verbos reflexivos.

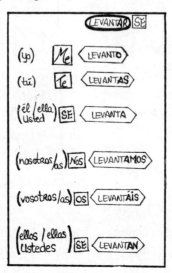

Los/las aprendientes también pueden elaborar sus propios carteles, visualizando diferentes contenidos (cultura, exponentes nociofuncionales, léxico), con la intención de nivelar conocimientos previos, sistematizar, resumir información, etc. Su presencia en el aula plasma el progreso en el aprendizaje del grupo, así como la satisfacción personal por su propio trabajo. No debemos olvidar que esta positivización es uno de los principios básicos de la pedagogía.

⇨ TIRAS MOVIBLES

Confeccionamos dos tiras, colocadas en un soporte, en las que pegamos imágenes que muestran diferentes situaciones y acciones. Los/las aprendientes moverán las tiras combinando de forma lógica la situación y la acción.

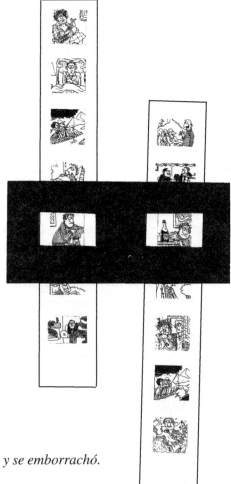

Ej.: Estaba deprimido y se emborrachó.

⇨ OTRAS VISUALIZACIONES

Igual que los/las aprendientes pueden realizar carteles, como señalábamos anteriormente, también pueden crear sus propios dibujos (incluso podrían utilizarse fotos hechas por ellos/as mismos/as), que servirán para comprensiones auditivas, producciones orales u otras actividades que veremos en los ejemplos siguientes:

Ejemplo 1

¿Ha pensado alguna vez que quizá usted podría ser otro Picasso u otro Goya? Pues vamos a comprobarlo.

1. "Dibuje una mesa. Al lado de la mesa, a la derecha, hay una silla. Delante de la mesa hay un taburete. Encima de la mesa hay una lámpara. Al lado de la mesa, a la izquierda, hay una estantería y en ella hay una radio.
   Debajo de la mesa hay una alfombra. Detrás de la mesa hay un sofá. Al lado del sofá hay un espejo y entre la estantería y la mesa hay otra silla".

Después de que el/la docente haga el dictado anterior a sus aprendientes, podría hacer preguntas concretas del tipo: "¿dónde está la alfombra?", "¿dónde está el sofá?", etc.

Variación:

Por parejas, uno/a de los/las aprendientes dicta y el/la otro/a dibuja.

Ejemplo 2: *Pictionary*

Se puede jugar por equipos, de manera que un equipo prepara una frase para que una persona del equipo contrario la dibuje en la pizarra (queda prohibido hablar y dibujar letras o números) y su equipo acierte la frase exacta en un tiempo determinado.

Ej.:   *Me dan pánico las serpientes*

Y un posible dibujo para esta sería...

Abanico. Ed. Difusión.

TAREA 35: ¿Para qué cree que nos serían útiles este tipo de actividades lúdicas? Marque con una cruz:

- ❏ Para memorizar.
- ❏ Para llenar cinco minutos de clase.
- ❏ Para comprobar que el/la aprendiente ha entendido.
- ❏ Para salirse del manual.
- ❏ Para ver vocabulario.
- ❏ Para aumentar la motivación.
- ❏ Para ver lo bien que dibujan los/las aprendientes.
- ❏ Para probar otro tipo de actividad.
- ❏ Para explicar reglas gramaticales.
- ❏ Para que los/las aprendientes se diviertan.
- ❏ Para cambiar la forma social de trabajo.
- ❏ Para decorar la clase.
- ❏ Para desarrollar la capacidad de hablar.
- ❏ Para quitar tensión al aprendizaje.

Es evidente el carácter lúdico y creativo de estas actividades, pero nuestra intención es dejar claro que desempeñan un papel didáctico mucho más amplio: reactivar vocabulario, fijar estructuras gramaticales, ayudar a la memorización, cambiar la forma social de trabajo, comprobar si el/la aprendiente ha entendido... Todo ello sin olvidar lo eficaces que resultan para potenciar la interacción dentro del grupo y desbloquear el aprendizaje. Además, en el caso de los carteles, dibujos y *collages,* siempre tienen un efecto positivo: constituyen un apoyo periférico cuya percepción subconsciente forma parte del proceso de adquisición; el/la aprendiente puede acudir a ellos siempre que lo necesite e ir comprobando su progreso.

5.3 Después de...

El trabajo con las imágenes no termina con los procedimientos vistos hasta ahora, sino que sus posibilidades van más allá. Hay una serie de actividades que podemos realizar a partir de su contemplación. Al contrario que las técnicas ya tratadas, estas permitirán el desarrollo de destrezas (orales o escritas) y una producción más extensa.

Vamos a ver a continuación una serie de ejemplos, haciendo especial hincapié en las actividades para narrar en pasado, en el trabajo con anuncios publicitarios y en las imágenes portadoras de contenidos culturales.

Ejemplo 1:

Una vez fijadas las fotos o fotocopias de estas en la pared/pizarra, pediríamos a los/las aprendientes que eligieran una de las puertas y que escribieran sobre la persona que imaginan que vive allí. En su producción escrita tienen que tratar estos puntos: edad, estado civil, familia, características, gustos y aficiones, estilo de vida, trabajo, interior de la casa, etc. Cuando hayan terminado, se presentan al pleno las descripciones hechas.

Variación:

Esta actividad puede realizarse también con fotos de ventanas u otro tipo de objetos, o bien con fotos de habitaciones sin personas.

Ejemplo 2: Diálogos fotografiados

Se fijan en la clase fotos en las que aparezcan parejas. Los/las aprendientes, de dos en dos, eligen una de las fotos sin decir cuál. Después imaginan y escriben el diálogo que creen que mantiene la pareja de su foto. Posteriormente lo leen al resto del grupo y sus compañeros/as tienen que decidir a qué foto corresponde.

Variación:

Podríamos también asignar un comienzo del diálogo correspondiente a cada foto -que los/las aprendientes recibirían al elegirla- y a partir de este, lo desarrollarían completo. Por ejemplo:

Mujer: ¿Qué te parece si cenamos juntos esta noche?
Hombre: Bueno, pero... el problema es que le he prometido a mi novia ir al cine.
Mujer: Lo siento, pero necesito a alguien que me entienda, que esté dispuesto a escucharme, alguien que me cuide.

Ejemplo 3: Preparar una entrevista

Los/las aprendientes elegirán una foto de un personaje famoso y tendrán que preparar por escrito la entrevista que le harían a este.

Variación:

Se divide la clase en dos grupos, uno será el de los/las entrevistadores/as y otro el de los/las entrevistados/as. Cada entrevistado/a elegirá una foto de un personaje famoso y contestará a las preguntas que le haga su entrevistador/-a como si fuera dicho personaje.

• ¿Qué destreza piensa que se desarrolla en estos ejemplos?

....

• ¿En qué criterio están basadas estas actividades?

....

Como ya hemos mencionado al principio, en los tres ejemplos se desarrolla la destreza de la producción escrita, aunque, en algunos casos y con alguna variación, podría ser también la oral. En la entrevista, el/la aprendiente que escucha las preguntas desarrolla también una destreza de comprensión auditiva. En los tres procedimientos, es el criterio de amplitud el que nos posibilita ir más allá de lo que estamos viendo o percibiendo realmente en las fotos, permitiéndonos, además, conseguir una producción más extensa, que variará dependiendo del nivel (principiante, intermedio, avanzado) del grupo.

Ejemplo 4: Viajes

Uno de los temas más recurrentes para el desarrollo de las destrezas oral o escrita es el de los viajes, porque despierta un gran interés en el grupo y les motiva a hablar de sus propias experiencias. Empezaríamos con una lluvia de ideas.

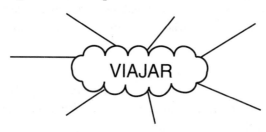

Otra posibilidad para empezar sería darles por parejas o grupos -dependiendo del número de aprendientes de la clase- un DIN A3 que completarían con el vocabulario que les haya correspondido.

El siguiente paso podría ser la elaboración por parte de los/las aprendientes, en grupos, de un folleto de viajes. En este caso, necesitaríamos llevar a clase fotos recortadas, revistas, folletos de agencias, postales, etc., para que lo hicieran libremente. Posteriormente, con los folletos realizados por los/las aprendientes o con folletos dados por el/la docente, podrían organizar un viaje.

Otra posibilidad sería debatir cuáles son las vacaciones ideales para cada persona. O podríamos conseguir una actividad más dinámica e interactiva haciendo que los/las aprendientes se "regalaran" viajes, justificando el porqué de su decisión. Esto generaría un contraste de opiniones entre quienes hacen el regalo y quienes lo reciben.

Por último, el/la docente llevaría postales de diferentes lugares a clase. Cada aprendiente tendría que escribir un texto que correspondiera a una de ellas y mandársela a uno/a de sus compañeros/as. Este/a, al leerla, tendría que averiguar de qué postal se trataba. Como tarea para casa, si pretendemos aumentar la producción escrita, podrían contar uno de sus viajes.

⇨ NARRANDO EN PASADO

Servirnos de imágenes para elaborar relatos es uno de los procedimientos más utilizados por los/las docentes en las clases de idiomas.

Ejemplo 5: Imágenes de periódicos

Observe estas dos imágenes:

El País.

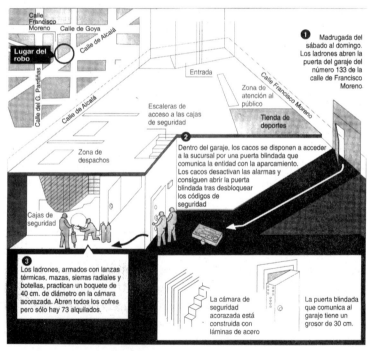

El País.

Los/las aprendientes, a partir de fotos del periódico, redactarían una noticia, por parejas o grupos. Si el grupo fuera numeroso, podríamos darles noticias diferentes. En cuanto al título, podrían ponérselo ellos/as libremente o bien les daríamos el original cortado en palabras para que lo reconstruyeran. El paso siguiente sería la comprensión lectora del texto periodístico original, que contrastarían con sus versiones.

En una fase posterior, y en el caso de que todos/as hubieran trabajado la misma noticia, podríamos pedirles que cada pareja o grupo -como periodistas- preparase una entrevista destinada a uno de los personajes que han intervenido en esta. De esta manera, prolongaríamos el efecto de la imagen y aumentaríamos la producción oral.

Ejemplo 6: Portadas de libros

Vea esta otra imagen:

Amnesia. Ed. Edinumen.

En este caso, se trataría de buscar portadas de libros sugerentes para los/las aprendientes. Antes de mostrárselas, podríamos hacer una fase de motivación que les centrara en el tema, con preguntas como:

– ¿Os gusta leer? ¿Por qué?

– ¿Leéis mucho?

– ¿Qué leéis habitualmente?

– ¿Vais frecuentemente a librerías o a bibliotecas?

– ¿Qué lugares preferís para leer?

– ¿En qué momento del día preferís leer?

A continuación, los/las aprendientes tendrían que buscar un título -acorde a la imagen- y escribir un resumen del argumento para la contraportada.

Si el libro elegido fuera apropiado al nivel del grupo, con esta actividad les estimularíamos a la lectura del mismo.

Ejemplo 7: Fotos de la infancia

El/la docente o los/las aprendientes pueden llevar fotos de su infancia. Se mezclan y se reparten de manera que cada uno/a tenga la de otro/a compañero/a. El/la docente dará la instrucción de que escriban eligiendo entre una de estas opciones:

– ¿Cómo eran, qué hacían y cuáles eran sus gustos y aficiones? ¿Qué querían ser?

– ¿Qué pasó el día que se hicieron la foto (antes y después)?

– Imaginar una travesura.

Cuando hayan terminado, se colgarán las fotos en la pizarra/pared y cada estudiante leerá lo que haya escrito. El resto del grupo tendrá que decidir a qué foto corresponde cada texto. Después contrastarán con la realidad, consiguiéndose así un mayor equilibrio entre producción oral y escrita.

Ejemplo 8: Cuentos

Vamos a utilizar postales como la del ejemplo, en las que tenemos las imágenes y el texto de un cuento famoso.

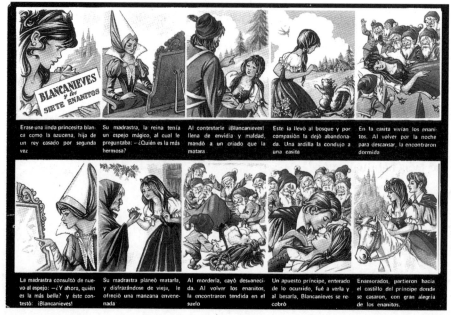

Con estas postales que relatan cuentos famosos podemos realizar dos actividades diferentes: en la primera, daríamos las imágenes separadas, por un lado, y los textos también separados, por otro. Los/las aprendientes tendrían que unir/conectar el texto con la imagen correspondiente. En la segunda, sólo tendrían las imágenes desordenadas y tendrían que ordenarlas y escribir el cuento.

Ejemplo 9: Ensalada de cuentos

El libro *Jugando en español* (pág. 96) nos ofrece este material que reúne personajes, escenarios, objetos, animales propios de los cuentos infantiles, y que nos permite o bien hacer una motivación para centrar el tema y a la vez sacar vocabulario, o bien hacer una producción escrita. Para esto último, los/las aprendientes, por parejas o grupos, eligen algunas imágenes y con ellas desarrollan la historia.

Ejemplo 10:

En este caso, el procedimiento es el mismo, pero las imágenes no les resultan tan familiares. Por este motivo, los/las aprendientes desarrollarán una mayor creatividad y una producción menos dirigida.

Ejemplo 11: El amor es ciego

Tomemos estas imágenes recortadas del libro *Jugando en español*.

Se divide a la clase en grupos/parejas de la manera siguiente: cada grupo o pareja tira el dado dos veces, cogiendo las tarjetas cuyo número corresponde al número obtenido en las tiradas. El/la docente explica a los/las aprendientes que se trata de que cada grupo invente las respuestas al siguiente cuestionario que previamente se habrá escrito en la pizarra:

– ¿Cuándo se conocieron?

– ¿Dónde?

– ¿Qué pasó?

– ¿Por qué se enamoraron?

– ¿Qué cosas tienen en común y qué cosas no?

– ¿Qué planes tienen para el futuro?

Una vez contestadas las preguntas, cada grupo/pareja redactará un texto a partir de ellas, evitando el estilo telegráfico.

➭ ANUNCIOS

Ahora vamos a ocuparnos de este material tan útil y tan frecuente en el aprendizaje de lenguas. Los anuncios muestran una amplia gama de imágenes que invitan a su lectura, a diferentes interpretaciones, y también a debates desde diferentes puntos de vista. Además contienen, en muchas ocasiones, elementos de claro contenido cultural.

Ejemplo 12

Idea sacada de A. Wright, *Pictures for language learning* (pág. 90).

Se reparte un anuncio a cada pareja y diez tiras de papel en las que escribirán frases relacionadas con el producto: unas que sean posibles, otras verdaderas y otras imposibles. Una vez escritas, las parejas se dividen de la siguiente forma: cada aprendiente A se queda con el anuncio y las tiras, y cada aprendiente B va con el/la aprendiente A de otra pareja. Entonces, los/las aprendientes B -viendo el anuncio- tienen que descubrir cuáles son las frases verdaderas, las posibles y las imposibles.

La mejor manera de conocer el mundo.

Es una organización en la que trabajan exclusivamente españoles.

Es un proyecto solidario.

Es una utopía.

Desarrollo que no agreda al entorno natural.

Tienes que hacerte socio de UNICEF.

No es un partido político.

Puedes entrar en contacto con gente
de todas las razas, culturas e ideologías.

Ejemplo 13:

En este caso se trata de anuncios de un mismo producto pero de diferente marca, aunque se podrían usar anuncios de la misma marca. Los/las aprendientes tendrían que discutir cuál resulta más eficaz. A continuación podríamos pegar en la pizarra/pared cuatro imágenes -previamente seleccionadas- de personas de diferentes edades y estilos y discutir sobre cuál resultaría más atractiva para cada uno/a de ellos/as.

Ejemplo 14:

De la misma forma que podemos manipular cualquier imagen, como hemos visto, igual podemos hacer con los anuncios publicitarios.

15 DÍAS AQUÍ
TE DEJARAN NUEVO.

"NO GRACIAS, ESTOY A UN PASO"

* ¿Qué producto cree que anuncian?

"NO GRACIAS, ESTOY A UN PASO"

**15 DÍAS AQUÍ
TE DEJARAN NUEVO.**

**15 MINUTOS AQUÍ
TE DEJARAN NUEVO.**

Ejemplo 15:

* ¿A qué anuncio corresponde cada eslogan?

Tenemos estas tres posibilidades:

a) En clase, por parejas o grupos, distribuiríamos los diferentes eslóganes cortados en palabras para que los ordenen. Una vez hecho esto, tendrían que asociarlos con las imágenes correspondientes, que estarían colgadas en la pared/pizarra.

b) Daríamos a los/las aprendientes la imagen para que escriban el eslogan.

c) Dividiríamos la clase en dos grupos: uno tendría el eslogan, discutiría las características del producto y describiría cómo sería la imagen correspondiente a este. El otro recibiría la imagen y tendría que crear el eslogan apropiado.

Además de estas y otras actividades que podamos realizar con anuncios, los/las docentes deberíamos fijar la atención del grupo en determinados aspectos:

– ¿Qué se anuncia? ¿En qué medio? ¿Cómo?

– ¿A quién va dirigido el anuncio?

– ¿Cómo intenta persuadir?

– ¿Qué estereotipos utiliza?

– ¿Aparecen elementos sexistas?

Este trabajo podríamos realizarlo con un anuncio únicamente o con anuncios diferentes, y que los/las aprendientes -por grupos o parejas- hagan un análisis escrito de los mismos.

Después podríamos pasar al contraste entre los anuncios vistos y los de sus países, para lo que preguntaríamos por las restricciones publicitarias que hay en sus países, qué productos no se pueden anunciar, si se pueden o no mostrar en todos los medios, etc., con lo cual ya entraríamos en un debate en el que plantear sus opiniones personales y culturales, como la impresión que les produce el anuncio, si les parece eficaz o no, qué asociaciones les sugiere, etc.

Un último paso podría ser crear una campaña publicitaria para anunciar un producto determinado en periódicos, radio, vallas publicitarias, revistas...

⇨ IMÁGENES PORTADORAS DE CONTENIDOS CULTURALES

Aprender una lengua también es aprender una cultura, entendiendo como tal el código de representaciones que una sociedad hace de la realidad y la manera de relacionarse con esta. En definitiva, adquirir una competencia comunicativa significa también conocer la cultura del día a día: la forma de relacionarse que tienen las personas, las palabras que se utilizan o no en determinadas situaciones, y no sólo conocer las reglas de gramática y el máximo número posible de palabras.

Por supuesto no se trata únicamente de mostrar determinados aspectos de la cultura anfitriona, sino de conseguir que el/la aprendiente, a partir de la observación de esas imágenes, adquiera un grado de sensibilización que le permita, mediante el contraste con la suya propia, deducir las diferencias entre una y otra cultura.

1. Cómo ver la nueva realidad

TAREA 36:

Observe la foto:

Cumbre. Nivel elemental.

Ahora marque sus impresiones sobre el lugar en este test:

	+ +	+	Ø	-	- -	
Especial						Normal
Cálido						Frío
Agradable						Desagradable
Divertido						Aburrido
Relajado						Tenso
Natural						Artificial
Bonito						Feo
Elegante						Vulgar
Lleno						Vacío
Moderno						Antiguo
Joven						Viejo
Alegre						Triste
Ruidoso						Tranquilo
Bueno						Malo
Luminoso						Oscuro
Grande						Pequeño
Atrayente						Repugnante
Organizado						Desorganizado
Limpio						Sucio
Familiar						Aséptico

Este mismo test fue realizado por aprendientes de diferentes países, aunque en su caso lo hicieron a partir de la visita a diferentes mercados. Curiosamente, tanto los/las aprendientes centroeuropeos/as (alemanes/as, suizos/as, austríacos/as), como los/las del sur de Europa, lo consideraron un lugar bastante organizado. Alemanes/as, suizos/as y austríacos/as, por lo general, contestaron que era un lugar bastante ruidoso o muy ruidoso. Por el contrario, los/las británicos/as y los/las del sur de Europa lo perciben como un lugar bastante tranquilo, atrayente y relajado. Los/las americanos/as coincidieron con los/las anteriores en que era atrayente y relajado, y añadieron que era un lugar alegre.

Como podemos ver, en su percepción se dan coincidencias culturales. La cultura, por tanto, actúa como filtro a través del cual al/a la aprendiente le llega la nueva realidad. La misma actividad puede llevarse a cabo sustituyendo la foto del mercado por la de una estación de trenes, un parque o una estación de autobuses, por ejemplo, y adaptando el contenido del test a estas.

2. El proceso de sensibilización y contraste

Presentamos a nuestros/as aprendientes una serie de fotos que muestren aspectos o situaciones de la realidad española. Ellos/as tendrán que irlas marcando con la característica "frecuente/no frecuente" o "podría pasar/no podría pasar". De nuevo, la intención del/de la docente es sensibilizar al alumnado frente a la diversidad de la cultura ajena presentándole imágenes diferentes para mostrar que la realidad no es única. Al marcar las imágenes entraría en juego la idea previa que tiene el/la aprendiente sobre cómo es la cultura española y lo que él/ella está percibiendo de la misma, esto último en el caso de que estuviera en España. En un segundo paso, podría ser un punto de partida para hacer un trabajo contrastivo posterior con su propia cultura.

Como ya dijimos al referirnos al proceso de percibir, nos fijamos primero en aquello conocido, y, en la medida en que esperamos que se confirmen nuestras expectativas, corremos el riesgo de confirmar/reafirmar los estereotipos.

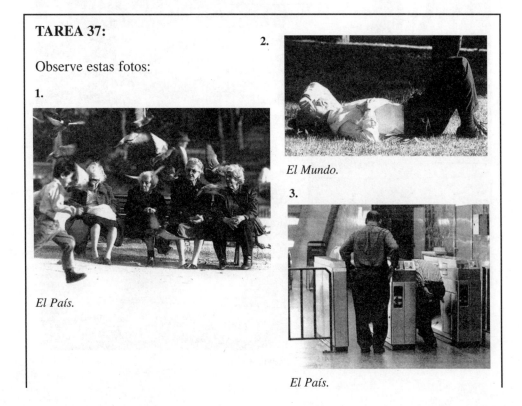

TAREA 37:

Observe estas fotos:

1.

El País.

2.

El Mundo.

3.

El País.

4.

Planet@ 2.

5.

El País.

7.

Revista *Vecinos.*

6.

8.

Revista *Ecos.*

9.

10.

El País.

12.

11.

Revista *Ajoblanco nº 3.*

El País.

13.

14.

Lufthansa Bordbuch.

15.

	FRECUENTE	NO FRECUENTE
Foto 1		
Foto 2		
Foto 3		
Foto 4		
Foto 5		
Foto 6		
Foto 7		
Foto 8		
Foto 9		
Foto 10		
Foto 11		
Foto 12		
Foto 13		
Foto 14		
Foto 15		

• ¿Cuál se ajusta más a la realidad cotidiana?

....

• ¿Cuál se aparta más del estereotipo?

....

• ¿Cuál de ellas no utilizaría para realizar esta tarea ("frecuente/no frecuente") en clase?

....

Si lleváramos fotos como la número 4 o la número 10, partiríamos del tópico "los españoles bailan flamenco" o "todos son toreros", con lo cual estaríamos reafirmando ese estereotipo que probablemente ya tenga el/la aprendiente. Aunque el/la docente intentara explicar la falsedad de esa idea, no sería un trabajo suficiente para hacerle cambiar de opinión, porque el/la aprendiente no realizaría ningún proceso de observación y acercamiento a esa realidad.

¿Cómo funciona el estereotipo? Por un lado, el/la aprendiente lo tiene y le impide ver la realidad tal como es; el estereotipo funciona como un filtro que hace que se capten solamente las ideas que ya se tienen previamente, tratando de confirmar estas. Por otro, ante lo nuevo resulta más fácil y cómodo, quizá tranquilizador también, hacer generalizaciones que no se contradigan con sus estereotipos, para explicarse esa nueva realidad.

De modo que, en la medida en que el estereotipo es absurdo y desvirtúa la realidad, resulta inútil cuestionarnos en el aula la verdad o mentira de cada estereotipo aislado. Lo más productivo sería hacer consciente al alumnado de que también existen estereotipos sobre su propia cultura. A partir de aquí, le resultará más fácil darse cuenta de lo simples, ridículas y falsas que son esas generalizaciones y, por lo tanto, es probable que rechace cometer el mismo error con la cultura ajena.

TAREA 38:

Vea esta foto:

• ¿Por qué, y a diferencia de otros países, es positivo que los porteros automáticos en España no tengan los nombres o apellidos de los inquilinos?

....

....

....

....

En España, por ejemplo, no se suelen poner los nombres o los apellidos de los inquilinos en los porteros automáticos, mientras que en otros países es lo más frecuente. Esto es algo que a nuestros/as aprendientes extranjeros/as les puede provocar extrañeza. Ante lo nuevo o lo diferente, nuestra actitud puede ser, sin hacer ningún tipo de reflexión, reírnos o criticarlo por no ser lo esperado, es decir, aquello a lo que estamos acostumbrados/as en nuestra cultura. En este sentido, y para evitar esas reacciones, resulta muy conveniente intentar buscar los aspectos positivos, que es lo que pretendemos hacer con esta foto.

TAREA 39:

Ahora, observe en esta foto lo que es igual, parecido y diferente respecto a su país:

El País.

IGUAL	PARECIDO	DIFERENTE

Esta sería una tarea encaminada a la sensibilización y el contraste, partiendo de una foto que muestra un fragmento de la realidad cotidiana. Insistimos una vez más en que deberíamos utilizar imágenes que no choquen demasiado con su realidad para que ese objetivo se cumpla; en caso contrario, el/la aprendiente las rechazaría.

En definitiva, lo que debemos pretender es que el/la aprendiente haga una reflexión sobre su propia visión de la realidad, como punto de partida para desarrollar la capacidad y las estrategias adecuadas para percibir fenómenos de la cultura ajena y llegar a comprender estos contrastándolos con la propia. Será fundamental que hagamos una selección adecuada de las imágenes que vamos a utilizar en el aula.

A continuación vamos a ver algunas actividades para llevar a cabo este trabajo intercultural. En este sentido, hay una serie de conceptos como la familia, la cocina, el bosque, el pueblo, los gestos u objetos cotidianos como una vela, por ejemplo, que ofrecen muchas posibilidades de trabajo en el aula.

Ejemplo 1: La familia

Observe esta foto de una familia española:

El País Semanal.

1. Escriba lo que ve en la foto de manera global:

En la foto ....

....

....

2. Haga una lista de los elementos:

La madre ....

....

....

En un tercer paso, nuestros/as aprendientes podrían llevar a la clase una foto de su familia y describirla oralmente, tomando como referencia los puntos 1 y 2.

Un último paso sería anotar en este esquema las palabras o expresiones que se asocian con el término "familia".

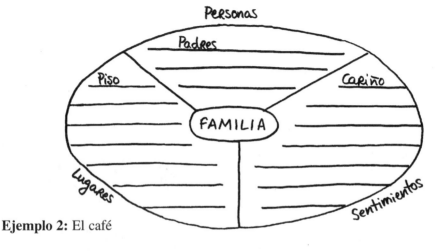

Ejemplo 2: El café

Damos a los/las aprendientes unas imágenes como las siguientes para que las describan y señalen lo que más les llama la atención.

Tareas. C de cultura.

A continuación les damos una lista de palabras: café, bar, cafetería, restaurante, *pub*, y ellos/as tienen que relacionarlas con las fotografías vistas. A partir de aquí se hará la comparación con el tipo de establecimientos que hay en sus países.

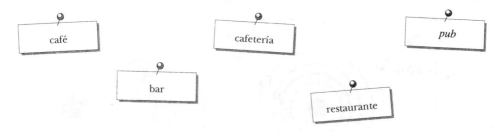

Ejemplo 3: La casa o la cocina

Otra forma de trabajar estos conceptos es a través de los dibujos de los/las aprendientes. Propóngales la actividad de dibujar su casa o su cocina. De este modo resulta fácil ver qué objetos son característicos de cada cultura e incluso cómo puede cambiar su ubicación de una cultura a otra. Los dibujos son preferibles a cualquier otra imagen que se les dé, porque estas pueden crear una visión parcial e inexacta de esa realidad, así como potenciar elementos estereotipados.

Ejemplo 4: La calle o la ciudad

Tenemos esta imagen de una calle madrileña:

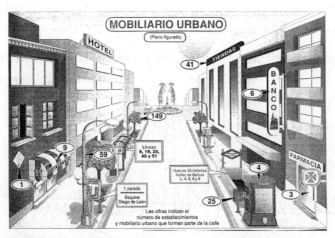

Revista *Barrio Salamanca*.

En primer lugar sacamos el vocabulario relacionado con "calle", bien con una lluvia de ideas o bien con una lista que elaboren los/las aprendientes en grupos o por parejas. Después se asocian las palabras con su imagen correspondiente. En una tercera fase, el grupo establece comparaciones entre lo que ve en la imagen y las calles de sus ciudades.

133

Otra posibilidad, como Wessling sugiere, es que los/las aprendientes localicen en un diagrama de círculos concéntricos determinadas imágenes de establecimientos, lugares públicos, transportes, servicios, etc., que la ciudad ofrece, a la distancia que consideren ideal en relación con su casa. Esta estaría en el centro de los círculos.

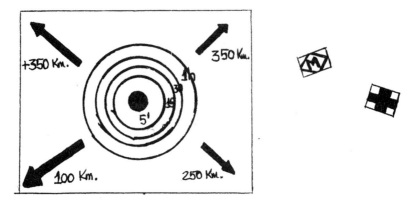

La actividad podría resultar menos complicada si estos lugares públicos, establecimientos, etc., estuvieran representados por símbolos y cada aprendiente los tuviera en un color diferente, para así reconocer más fácilmente y contrastar las diferencias y similitudes que pueda haber.

Ejemplo 5: Los colores

Los colores también transmiten connotaciones culturales que quedan muy bien reflejadas en la siguiente actividad: los/las aprendientes tienen que dibujar aquello que asocien con cada uno de los colores.

Recogemos aquí un par de muestras realizadas por aprendientes de diferentes nacionalidades:

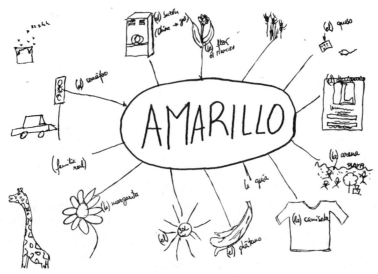

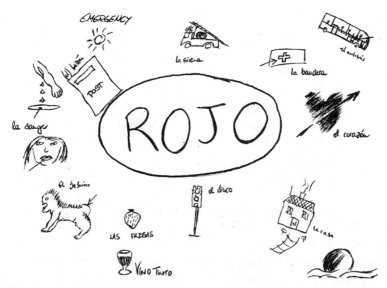

Si observamos los dibujos, podemos apreciar que cada color tiene connotaciones diferentes para cada nacionalidad. Así, por ejemplo, vemos que un/-a británico/a dibujará el autobús y también el buzón en el color rojo, mientras que un/-a alemán/alemana dibujará el buzón en el amarillo. Un/-a escandinavo/a relacionará el color rojo con las casas. Un/-a oriental asociará el amarillo con la familia real. Por último, es significativo también cuando aparece una bandera: en el caso del amarillo, suelen dibujarla los/las alemanes/as, los/las españoles/as y los/las suecos/as; en el caso del rojo, lo harán los/las estadounidenses, los/las británicos/as o los/las suizos/as.

Ejemplo 6: Los gestos

Los gestos se reciben visualmente y son elementos identificadores de cultura. La mejor muestra que de ellos podemos dar en la clase es el vídeo, porque nos permite observar el movimiento; del resto de las imágenes, el dibujo es el que mejor se adecua, porque puede transmitir la impresión de movimiento.

Deles imágenes de este tipo a sus aprendientes para que las representen y para que, de este modo, puedan conocer gestos de la cultura anfitriona, así como para que cada uno/a muestre al resto del grupo los de la suya propia.

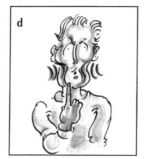 

Planet@ 2.

Otra posibilidad para trabajar los gestos sería la siguiente: tomamos fotos representativas culturalmente, es decir, en las que se puedan apreciar nuestras formas de saludo, la aproximación de los/las hablantes en ciertas situaciones sociales, etc. Posteriormente, las dividimos en dos y las repartimos entre los/las aprendientes con la finalidad de que cada uno/a de ellos encuentre la parte que corresponde a su imagen.

El País.

Diario 16.

El País.

6. SOLUCIONARIO

La mayoría de las tareas son abiertas -como ya dijimos en el Prólogo-, no tienen por qué tener una única respuesta. No obstante, nosotras hemos preferido dar una respuesta dentro de las posibles.

TAREA 1:

☐   Las imágenes distraen la atención de los/las aprendientes.

☒   Influyen positivamente en la dinámica de la clase.

☒   Son una excusa para entrar en materia.

☐   Alejan del objetivo del aprendizaje.

☒   Enriquecen y aumentan las posibilidades de la clase.

☐   No sirven para aprendientes jóvenes y/o mayores.

TAREA 2:

	SUBJETIVOS	DIDÁCTICOS	CULTURALES
Imagen 1	X	X	
Imagen 2	X		X
Imagen 3		X	X
Imagen 4		X	
Imagen 5		X	X
Imagen 6	X		
Imagen 7		X	
Imagen 8	X	X	X
Imagen 9	X		X

Es esta una tarea abierta en la que las respuestas variarán en función de cada persona. Lo que queremos destacar es que existen, *a priori*, una serie de criterios por los que debemos utilizar las imágenes en el aula. Criterios que deberíamos plantearnos antes de llegar a la elección de una imagen concreta. Estos criterios no resultan fácilmente sistematizables; por eso, como método de trabajo, hemos tratado de agruparlos en tres categorías: subjetivos, didácticos y culturales, teniendo en cuenta que en muchos casos van a coincidir todos, o más de uno, en una misma imagen.

TAREA 3:

1. CÓMIC. 2. FOTO BAR. 3. ESTADÍSTICA. 4. ANUNCIO. 5. PLANO. 6. IMAGEN ELEFANTE. 7. IR EN / IR HACIA… 8. FOTO FAMOSO. 9. PAISAJE.

• Es más fácil de comprender que los textos. ①②③④⑤⑥⑦ 8 ⑨

• Prepara al/a la aprendiente para el trabajo que queremos hacer. 1 ② 3 4 ⑤ 6 7 8 ⑨

• Me gusta, a los/las aprendientes también les gusta. ①② 3 4 5 ⑥⑦⑧⑨

• Muestra aspectos culturales. 1 ②③ 4 ⑤ 6 7 ⑧⑨

• Forma parte de la realidad cotidiana. ①② 3 ④⑤ 6 7 ⑧⑨

• Es divertido. ① 2 3 4 5 6 ⑦ 8 9

• Si lo ven, lo recuerdan mejor. 1 2 3 ④ 5 6 ⑦ 8 9

• Puedo sacar primero el vocabulario. ①②③④⑤ 6 7 8 ⑨

• Es más directo: no hay que buscar en el diccionario. ①②③④⑤⑥⑦ 8 ⑨

• Provoca, atrae, impacta, fomenta la creatividad. ①②③④⑤⑥⑦⑧⑨

• Es un medio de comunicación, un lenguaje. ①②③④⑤⑥⑦⑧⑨

• Favorece la dinámica de la clase. ①②③④⑤⑥⑦⑧⑨

• Es otro material. ①②③④⑤⑥⑦⑧⑨

• No me lo puedo llevar a clase. 1 ② 3 4 5 ⑥ 7 ⑧⑨

• Es muy útil para practicar. ①②③ 4 ⑤ 6 7 ⑧⑨

• Me ahorra tiempo. 1 ②③ 4 ⑤⑥⑦ 8 9

• Todo les llega en un golpe de vista. ①②③④⑤⑥⑦⑧⑨

• Dan color a la clase. ①②③④⑤⑥⑦⑧⑨

• Me sirve para explicar la gramática. 1 2 3 ④ 5 6 ⑦ 8 9

Con esta tarea pretendemos mostrar que cualquier imagen se ajusta al menos a una de las opiniones dadas por nuestros/as colegas, en relación con los criterios generales de por qué usar imágenes en el aula. La mayoría se ajusta a más de una. Cuantas más opiniones coincidan en una imagen, más útil resultará esta.

TAREA 4: Si en las tareas anteriores queríamos plantear los criterios que, *a priori*, nos llevan a usar imágenes en el aula, ahora queremos hacer una reflexión sobre los criterios específicos que todos/as, como docentes, tenemos en cuenta en el momento de seleccionar una imagen determinada.

1. ¿Son buenas las imágenes de los manuales que utilizo para la clase?
2. ¿De dónde saco esas fotos? ¿La información que transmiten las imágenes es la misma para los/las aprendientes que para mí?
3. ¿Cumple esta imagen el objetivo que me he propuesto o cumple más de uno?
4. ¿Es bonita objetivamente?
5. A mí me gusta; ¿le gustará a mis aprendientes?
6. ¿Estoy dirigiéndolos demasiado para obtener una producción concreta o no?
7. ¿Cuál es la imagen no típica?
8. ¿La información que contiene se obtiene a primera vista? ¿Es confusa? ¿Es ambigua?
9. ¿Lo que muestra es actual o ya no se ve algo así? ¿Cuánto tiempo de vida tiene una imagen?

El orden de los criterios según su importancia sería el siguiente:

Criterio 1: 3. "Porque se ajustan a la necesidad de la clase."
Criterio 2: 2. "Porque son portadoras de contenidos/informaciones que se quieren tratar en clase."
Criterio 3: 8. "Porque son claras para no distraer del tema."
Criterio 4: 6. "Porque el contenido lingüístico (la producción oral) tiene un contenido gramatical especialmente interesante."
Criterio 5: 9. "Porque son, en muchos casos, actuales y reales."
Criterio 6: 7. "Porque aportan información cultural no típica."
Criterio 7: 5. "Porque nos gustan al aprendiente y a mí."
Criterio 8: 4. "Porque son atractivas (color, estilo, calidad, tamaño...)."
Criterio 9: 1. "Porque están en los manuales."

TAREA 5: En el Plano 1 podrían hacerse preguntas y respuestas del tipo:

– *Por favor, ¿dónde está el metro?*
• *Todo recto, la primera calle a la derecha y la primera a la izquierda.*
– *¿Para ir a la calle Luna?*
• *La primera a la derecha.*
– *¿Hay un bar por aquí cerca?*
• *Sí, todo recto y la segunda calle a la izquierda.*

Como sólo podrían hacerse cinco preguntas, con sus correspondientes respuestas, no sería suficiente para familiarizarse con las expresiones "a la derecha", "a la izquierda", ni para usarlas fluidamente.

Los dos planos responden a la misma situación comunicativa de preguntar y dar direcciones.

En el Plano 2 sería mayor la producción: se podrían hacer, al menos, quince preguntas y quince respuestas. El Plano 1 no sería útil para una fase de prácticas, ya que con cinco preguntas y cinco respuestas resultaría muy pobre la producción oral, totalmente insuficiente para que los/las aprendientes llegaran a usar con fluidez, como hemos dicho, estos exponentes nociofuncionales.

TAREA 6:

1. ¿Dónde piensa que el/la aprendiente desarrolla menos su imaginación? A Ⓑ
2. ¿En cuál se siente más libre el/la aprendiente? Ⓐ B
3. ¿Qué actividad resulta menos divertida? A Ⓑ
4. ¿Qué es más fácil para saber cómo se dice en castellano? A Ⓑ
5. ¿Cuál piensa que es más eficaz para aprender? Ⓐ B
6. ¿Cuál es más rápido para el/la aprendiente? A Ⓑ
7. ¿Cuál le ayuda más a memorizar? Ⓐ B

TAREA 7: En la Foto A probablemente se imaginen que el hombre se acaba de enterar de que su partido político ha ganado las elecciones, o de que su equipo de fútbol ha marcado un gol en el partido que está viendo en la televisión. La Foto B muestra al mismo hombre con otros colegas en su lugar de trabajo, la Bolsa en este caso, celebrando una sesión positiva para el dólar.

TAREA 8: La imagen muestra a un hombre con la cabeza metida en un seto. A la izquierda puede haber una gorra con algunas monedas y un grupo de espectadores/as con cara atónita. A la derecha, continuaría el seto. Arriba, la entrada al Ministerio de Sanidad y Consumo y, abajo, un portafolios.

TAREA 9: En la foto de la playa hay un equipo de agentes intentando detectar algo oculto bajo la arena. Habrán recibido una llamada informándoles de la llegada de un alijo de droga. El perro escarbará en la arena y acabará encontrándolo.
En el cómic, la mujer habrá encerrado al hombre en la jaula porque este habría querido abandonar el hogar y ahora tendrá que estarse quietecito hasta que su señora termine la bufanda.

TAREA 10: Están sacando muebles y demás enseres personales. Se trata de un desalojo. Viven en un ambiente pobre, en chavolas mal acondicionadas. Van vestidos/as con ropa sencilla, jerseys, vaqueros. Las personas que aparecen en la foto serán familiares o vecinos/as que les están echando una mano.

TAREA 11: El matrimonio se encuentra en su casa, en el salón o cuarto de estar. La mujer parece que está cansada y el marido se dirige a ella con un gesto interrogante. No pasa nada en especial, transcurre la tarde del domingo, la televisión está encendida, pero no le prestan atención. El marido le pregunta: "Carmen, ¿me has planchado la camisa de rayas?". La mujer le responde: "Sí, esta mañana, mira bien, que te la colgué en el armario." El marido: "Pues no la veo, ¿estás segura?". La mujer: "No, si me voy a tener que levantar." El marido: "Oye, que va a empezar el partido. Voy a cambiar a la 3."

TAREA 12:

DESCRIPCIÓN	INTERPRETACIÓN
Hay cuatro personas sentadas en una mesa, dos chicas y dos chicos. Otra persona está de pie a su lado. Están en un lugar al aire libre. En la mesa hay botellas, vasos, servilletas. Los dos chicos están fumando. Llevan jerseys y camisas. Al fondo de la imagen se ven otras tres personas y otra mesa. Se ve vegetación.	Son cuatro amigos que han terminado de comer y hablan sobre la cuenta con el camarero. Hace buen tiempo. Están de vacaciones en un país latinoamericano. Son dos parejas de novios. No es un restaurante muy caro. Están contentos.

TAREA 16:

• De todas las formas de presentación vistas, ¿cuál es la que resulta más motivadora y cuál menos? Las más motivadoras son la 4 y la 5, y la menos la 1.

• ¿Cuál favorece una dinámica más espontánea, más natural, más real? La 4.

• ¿Cuál es más aburrida? La 1.

• ¿En cuál de ellas el/la docente tiene que dirigir más la actividad? En la 1.

• ¿Cuál de ellas es la más atractiva desde el punto de vista estético? La 4 y la 5.

Aunque las imágenes de personajes famosos admitan diferentes soportes, puede ser más atractivo desde el punto de vista estético un cartel o las ampliaciones de las fotos. La respuesta del grupo resultará más espontánea o natural ante unas fotos en tarjetas, ya que las asociarán a situaciones cotidianas. El manual, sin embargo, favorece el trabajo individual y obligaría al/a la docente a dirigir más la actividad, haciendo menos dinámica y más aburrida esta.

TAREAS 17, 18, 19, 20, 21:

Con estas tareas, cuya solución ya hemos ofrecido dentro del texto, pretendemos demostrar qué soporte resulta más conveniente en cada caso, dependiendo de la imagen elegida, de la forma social de trabajo y del objetivo general de la enseñanza que nos hayamos propuesto.

TAREA 17: La transparencia

La transparencia sin textos sería la más adecuada, porque centra la atención de todos/as en el mismo lugar, dirige la comprensión a puntos determinados y los dibujos contextualizan el diálogo de la audición. Además permite la forma de trabajo plenaria.

TAREA 18: Tarjetas

La transparencia conlleva una producción lineal y más dirigida; las tarjetas, mayor interacción a la hora de tomar decisiones por parte del/de la aprendiente sobre cuál es la historia.
A la transparencia le corresponde una forma de trabajo plenaria; a las tarjetas, en grupos o parejas.

TAREA 19: Cartel

Utilizaríamos un cartel porque puede dejarse en el aula el tiempo necesario, actuando como estímulo periférico. La forma social de trabajo sería plenaria.

TAREA 20: Manual

La comprensión auditiva requiere en primer lugar una forma social de trabajo individual, luego puede realizarse en parejas o grupos. Para la tarea que plantea el libro el soporte más adecuado es el manual, pero si vamos a hacer una preparación previa, necesitaríamos una transparencia.

TAREA 21: Pizarra

La docente va dibujando para estimular y preparar a los/las aprendientes a la lectura del texto. Lanza preguntas que suscitan exponentes nociofuncionales para expresar hipótesis y el vocabulario relacionado con la calle. Al dejar escrito este vocabulario en la pizarra, el/la aprendiente puede acudir a él durante la lectura del texto, cuando lo necesite.

TAREA 22:

	FOTOCOPIA	OTROS
Lleva más tiempo confeccionarlo.		X
Los/las aprendientes pueden quedárselo.	X	
Es más barato.	X	
Requiere más trabajo.		X
Ideal para una comprensión auditiva.	X	
Apto para una forma social individual.	X	
En casa pueden repasar lo que hayan escrito.	X	
Resulta más estético.		X

TAREA 23:

	CONOCIMIENTO	ENTENDIMIENTO	DESTREZAS	ACTITUDES
Imagen 1			X	
Imagen 2			X	
Imagen 3	X			
Imagen 4	X			X
Imagen 5			X	
Imagen 6		X		
Imagen 7	X			
Imagen 8			X	
Imagen 9		X		
Imagen 10	X			X

TAREA 24: Entendimiento

Las dos explicaciones tratan el mismo tema: el imperativo. La primera explicación es más completa, pero no podrían entenderla todos/as los/las aprendientes, ya que no todo el mundo conoce ese metalenguaje. La segunda es más visual e interactiva; en una fase de entendimiento resultaría más clara, sencilla y fácil de entender.

TAREA 25: Comprensión auditiva

1. Los/las aprendientes se sentirían perdidos. (SÍ) NO

2. Entenderían todo. SÍ (NO)

3. Necesitarían las aclaraciones del/de la docente. (SÍ) NO

4. Necesitaríamos repetir la audición. (SÍ) NO

5. Los/las aprendientes desconectarían. (SÍ) NO

Para evitar que el/la aprendiente se sienta frustrado/a hay que contextualizar el discurso y para ello podríamos utilizar las imágenes que ofrece el libro. En este caso, es un buen momento para que el/la aprendiente aporte su conocimiento del mundo sobre programas de consultorios sentimentales y, además, así se relaja la tensión antes de una audición. El soporte de la imagen es la transparencia, puesto que la actividad es plenaria. Primero mostraríamos sólo la mitad izquierda y los/las estudiantes harían predicciones sobre el programa que escucha la anciana. Después les enseñaríamos la mitad derecha y hablaríamos de esos programas de radio. Los impulsos serían las preguntas: ¿qué programa está escuchando la anciana?, ¿qué tipo de audiencia tienen estos programas en sus países?, ¿qué problemas se suelen plantear?

TAREA 26: Comprensión lectora

La información que aportan las imágenes, por supuesto que coincide o tiene que ver con el texto; son imágenes de bares con sus clientes. Pero, además, nos dan más información, por ejemplo, sobre tipos de bares, presentación de productos, actitud de la gente (si se sienta o permanece de pie en la barra), costumbres (echar la partida), etc.

La información escrita es muy básica pero muy específica. Complementa la información que los/las aprendientes hayan podido obtener de ver las fotos. Trabajando antes las imágenes podemos sacar primero el vocabulario que aparecerá en el texto y estimular la observación de rasgos culturales. Lo ideal sería presentar fotos grandes, que los/las aprendientes tuvieran que describir, solos/as o en parejas. Se podrían hacer preguntas sobre el tipo de clientes, lo que se consume, la hora del día que suponen que es, etc.

TAREA 27: La foto muestra dos chicas en un bar tomándose una copa por la noche. Si leemos el diálogo la cosa cambia bastante: es mediodía y están en un bar, pero no un bar de copas como muestra la imagen, y parece que una quiere tomar el aperitivo. Está claro que la foto no sirve para contextualizar el texto y puede inducir a errores culturales.

TAREA 29: Lluvia de ideas/lista de vocabulario

Tras la lluvia de ideas, hemos apuntado acciones, utensilios, alimentos y expresiones. Puede ser un buen momento para corregir y ampliar el vocabulario, en la medida en que para algunos/as estudiantes sean nuevas las palabras que otros/as ya conocen, o cuando les surge la pregunta "¿cómo se dice...?", y el/la docente apunta la palabra.

Presentamos a continuación las ventajas e inconvenientes de la lluvia de ideas frente a la lista de vocabulario:

VENTAJAS	INCONVENIENTES
• Sale de los/las estudiantes.	• A lo mejor resulta un poco pobre o se dispersa demasiado.
• Les activa lo ya conocido.	
• Hay interacción de los/las aprendientes.	• No sirve para presentar a los/las aprendientes vocabulario nuevo.
• Se corrigen y se nivelan los conocimientos del grupo.	

Sería poco probable que los/las aprendientes, espontáneamente, dijeran la mayoría de las palabras que aparecen en la lista, de modo que esta sería una manera de dar a conocer este vocabulario.

TAREA 30: Tapar/Destapar

1. Con este procedimiento conseguimos fijar la atención y aumentar el interés de los/las aprendientes, animándoles a realizar una actividad lúdica. Además, puede ser un marco para que usen exponentes nociofuncionales de opinión, o para expresar acuerdo/desacuerdo.
3. Otra variación de este procedimiento puede ser desenfocar una imagen, ya sea una transparencia con el retroproyector, o una diapositiva.

TAREA 31:

Las preguntas que realizaríamos serían: "¿dónde está la pareja?","¿quiénes son?", "¿por qué se abrazan?", "¿cómo se sienten?".

Por supuesto que con este procedimiento, como ya hemos dicho, se fija la atención y se aumenta el interés: inconscientemente, lo primero que hace el/la aprendiente es buscar la pareja en la imagen.

Si no partiéramos del detalle, la participación de los/las aprendientes sin duda sería diferente. Hablarían de la recepción del hotel, de dar datos personales, de viajes... Con este procedimiento se centra el interés en la pareja y la producción oral o escrita que se realice puede ser mayor y más imaginativa.

TAREA 32: Foto/Dibujo

Esta combinación nos produce sorpresa, su función es contextualizar y centrar la atención. El dibujo significa la realidad de la clase, lo que se va a aprender, y centra la atención; mientras que la foto es el marco, el contexto real que, además, ofrece información cultural: están en un café donde gente de diferentes edades se reúne para estar con sus amigos, leer el periódico, tomar un café, etc., a cualquier hora del día.

TAREA 35:

- ☒ Para memorizar.
- ☐ Para llenar cinco minutos de clase.
- ☒ Para comprobar que el/la aprendiente ha entendido.
- ☐ Para salirse del manual.
- ☒ Para ver vocabulario.
- ☒ Para aumentar la motivación.
- ☐ Para ver lo bien que dibujan los/las aprendientes.
- ☒ Para probar otro tipo de actividad.
- ☐ Para explicar reglas gramaticales.
- ☒ Para que los/las aprendientes se diviertan.
- ☒ Para cambiar la forma social de trabajo.
- ☐ Para decorar la clase.
- ☐ Para desarrollar la capacidad de hablar.
- ☒ Para quitar tensión al aprendizaje.

TAREA 37: Frecuente/ No frecuente

	FRECUENTE	NO FRECUENTE
Foto 1	X	
Foto 2		X
Foto 3		X
Foto 4		X
Foto 5	X	
Foto 6		X
Foto 7	X	
Foto 8	X	
Foto 9	X	
Foto 10		X
Foto 11	X	
Foto 12	X	
Foto 13	X	
Foto 14	X	
Foto 15		X

En nuestra opinión, se ajustan más a la realidad cotidiana las fotos 1, 8, 9, 11, 12,13 y 14. Todas se apartan del estereotipo excepto la 4, la 6 y la 10.

TAREA 39:

Esta tarea va dirigida a aprendientes que pueden contrastar su propia cultura con la de la lengua meta. Para un/-a docente español/-a que resida en España no tiene sentido; sí lo puede tener, en cambio, para aquellos/as docentes de español que sean extranjeros/as o residan fuera de España.

7. GLOSARIO

ACTIVIDAD DE APRENDIZAJE: actividad de clase (leer, solucionar un problema, escribir algo, ordenar información, responder a preguntas, identificar, reconocer...) que el/la aprendiente tiene que hacer para conseguir un objetivo fijado previamente.

ACTIVIDAD DEL/DE LA DOCENTE: labor que realiza el/la docente en el aula; por ejemplo, ayudar, preguntar, estimular, anotar errores para corregirlos después en común, corregir individualmente, aclarar...

ADQUISICIÓN: según Krashen, forma de desarrollar la competencia en una segunda lengua a través de un proceso inconsciente que asegura el desarrollo de la competencia comunicativa.

AMPLITUD: término que se utiliza para referirse a un aspecto inherente a cualquier imagen y que nos permite ir más allá de lo que realmente vemos en la misma. Es decir, una imagen transmite mucha más información de la que estrictamente muestra.

APRENDIZAJE: según Krashen, forma de desarrollar la competencia en una segunda lengua, a través del procesamiento consciente, analítico de la lengua, que revierte en el conocimiento formal que el/la aprendiente desarrolla de la segunda lengua.

CARTEL: medio o soporte de imágenes de unas dimensiones determinadas que permiten que el mismo sea visto por todo el grupo de aprendientes. Puede ser utilizado con fines diversos: esquemas gramaticales, vocabulario, aspectos culturales, etc.

COMPRENSIÓN AUDITIVA: en la enseñanza de idiomas, capacidad de entender textos orales en lengua extranjera.·

COMPRENSIÓN LECTORA: en la enseñanza de lenguas extranjeras, capacidad de entender textos escritos.

CONOCIMIENTO: uno de los cuatro objetivos generales o tipos de objetivos de la enseñanza de idiomas, por el cual se pretende que el/la aprendiente al final de la clase sepa cosas que antes no sabía, por ejemplo, palabras nuevas, datos culturales, etc.

CULTURA: aquí utilizamos el término cultura como referentes culturales implícitos en los/las hablantes nativos/as (por ejemplo, en España, en términos generales, hay que quitarle importancia a un elogio).

DESARROLLO DE DESTREZAS: uno de los cuatro objetivos generales o tipos de objetivos de la enseñanza. Consiste en desarrollar en el/la aprendiente la capacidad de comprensión de textos orales o escritos y la expresión oral o escrita.

DESTREZAS: en general se suele hablar de cuatro destrezas (destreza oral, destreza auditiva, destreza lectora y destreza escrita) que designan la habilidad de expresarse oralmente y por escrito y de entender mensajes orales y escritos en lengua extranjera.

DISONANCIA COGNITIVA: fenómeno por el que prescindimos inconscientemente de aquellos elementos de la imagen que no responden a nuestras expectativas visuales.

EFICACIA: criterio que debe tener en cuenta el/la docente en la selección de las imágenes que va a utilizar en el aula. Se aplica a la imagen que permite desarrollar de la forma más óptima posible el objetivo marcado.

ENTENDIMIENTO: uno de los cuatro objetivos generales o tipos de objetivos, que pretende que el/la aprendiente comprenda el funcionamiento de las estructuras lingüísticas.

ESTRATEGIAS DE COMPRENSIÓN: técnicas, operaciones, habilidades, procedimientos, actividades, etc., que utiliza el/la aprendiente para comprender un texto oral o escrito en lengua extranjera. Para ello no es necesario que comprenda todas las palabras, sino que pueda formular hipótesis sobre el contenido, apoyarse en el contexto, resumir la información más importante, hacer analogías, etc., para llegar a la comprensión global del mismo.

ESTRATEGIAS DE EXPRESIÓN: técnicas, operaciones, habilidades, procedimientos, etc., que utiliza el/la aprendiente para desenvolverse en situaciones comunicativas, para expresarse e interactuar y para solucionar problemas de comunicación.

EXPONENTE NOCIOFUNCIONAL: dada una intención comunicativa, por ejemplo "saludar", los exponentes funcionales son las diferentes formas lingüísticas para expresar esa intención; en este caso, "¡hola!", "¡buenos días!", "¡buenas tardes!", "¿qué tal?", etc., son los exponentes nociofuncionales que corresponden a esa intención comunicativa de saludar.

EXPRESION ESCRITA: capacidad de expresarse por escrito en un idioma extranjero.

EXPRESIÓN ORAL: capacidad de expresarse oralmente en un idioma extranjero.

FASE DE PRÁCTICAS: fase en la que se van a practicar los conocimientos adquiridos en otras fases o momentos previos de la clase. Normalmente esta fase se organiza con unas actividades más cerradas y dirigidas a una producción más libre y creativa.

FASE DE PREPARACIÓN: fase de la clase en la que el/la docente, por un lado, va a motivar al/a la aprendiente hacia el contenido de la clase; por otro, va a contextualizar las muestras de lengua que se van a presentar, y, por último, va a ayudar a la comprensión posterior, bien haciendo predicciones sobre las muestras de lengua, bien tratando el vocabulario específico.

FASE DE PRESENTACIÓN: fase en la que se muestran, bien los textos en cinta o escritos, bien los ejemplos de lengua sobre lo que gramatical, funcional o estructuralmente se va a tratar en clase. El objetivo primordial de esta fase es desarrollar estrategias de comprensión.

FASE DE SEMANTIZACIÓN: fase en la que el/la aprendiente, a través de una serie de tareas meticulosamente preparadas, o a través de las explicaciones del/de la docente, descubrirá inductiva o deductivamente el nuevo fenómeno gramatical o funcional que se presentaba en la muestra de lengua (fase de presentación).

FASES DE CLASE: los diferentes pasos que se siguen en la clase para cumplir los objetivos específicos marcados. Se suele hablar de cuatro fases: preparación, presentación, semantización y práctica.

FORMA SOCIAL DE TRABAJO: distribución de los/las aprendientes en parejas, grupos, de forma plenaria o individual, para conseguir un mayor rendimiento, interacción, rentabilidad, etc.

IMPULSO: pregunta, comentario o hipótesis que puede hacer el/la docente antes de presentar una imagen o en el momento de mostrarla, con el fin de conseguir una reacción por parte de los/las aprendientes.

MANUAL: libro de texto de español como lengua extranjera.

MATERIALES: utensilios didácticos de los que nos valemos para realizar ciertas actividades (ejercicios del manual, textos del periódico, etc.).

MEDIOS/SOPORTES: instrumentos que se utilizan en la clase para presentar los materiales (pizarra, transparencias, carteles, tarjetas, diapositivas, etc.).

OBJETIVO ESPECÍFICO: aquella meta que, bien el/la docente o bien el/la aprendiente, se marca en cada una de las actividades de clase.

OBJETIVO GENERAL: intención consciente o inconsciente por parte del/de la docente de hacer progresar a los/las aprendientes en su aprendizaje. Los objetivos generales o tipos de objetivos en la enseñanza de lenguas extranjeras son cuatro, dependiendo de la actividad mental que se exija al/a la aprendiente y del fin que se persiga: conocimiento, entendimiento, desarrollo de destrezas o cambio de actitud.

OBJETIVO PRINCIPAL: en una actividad puede ocurrir que tengamos varios objetivos. El principal es aquel al que damos preponderancia, es decir, al que dirigimos nuestra actividad docente.

POLIVALENCIA: concepto que se refiere al hecho de que una imagen es susceptible de ser utilizada para cumplir diferentes objetivos didácticos.

PROCESO DE APRENDIZAJE: evolución en la adquisición de la lengua meta por parte del/de la aprendiente, que depende de la forma de aprendizaje del/de la mismo/a, de la metodología del/de la docente y de las circunstancias de la enseñanza (frecuencia, lugar de docencia, interés del/de la aprendiente, etc.).

RENDIMIENTO: otro de los criterios que hay que tener en cuenta en la selección de las imágenes, y por el que la utilidad de la misma será mayor o menor en relación con la producción oral o escrita que realice el/la aprendiente.

SITUACIÓN COMUNICATIVA: contexto comunicativo en el que, en principio, para satisfacer unas intenciones o necesidades comunicativas, es necesario utilizar una serie de exponentes nociofuncionales concretos.

8. BIBLIOGRAFÍA

Alonso, M. y L. Matilla (1990). *Imágenes en acción. Análisis y práctica de la expresión audiovisual en la escuela activa*. Madrid. Akal.

Aparici, R. *et al.* (1987). *La imagen*. Madrid. Universidad Nacional de Educación a Distancia.

Aparici, R. y A. García Matilla (1987). *Imagen, vídeo y educación*. Madrid. Fondo de Cultura Económica.

– – (1989). *Lectura de imágenes*. Madrid. Ediciones de la Torre.

Arnheim, R. (1976). *El pensamiento visual*. Buenos Aires. Eudeba.

Aumont, J. (1992). *La imagen*. Barcelona. Paidós.

Barthes, R. (1990). *La cámara lúcida. Notas sobre la fotografía*. Barcelona. Paidós.

Cerrolaza, M. y Ó. Cerrolaza (1999). *Cómo trabajar con libros de texto*. Madrid. Edelsa Grupo Didascalia.

Dobbelaere, G. (1970). *Pedagogía de la expresión*. Barcelona. Nova Terra.

Dubois, Ph. (1994). *El acto fotográfico, de la representación a la recepción*. Barcelona. Paidós Ibérica.

Eichheim, H. *et al.* (1981). *Mir fällt auf...* . Berlín, Munich. Langenscheidt.

Freund, G. (1976). *La fotografía como documento social*. Barcelona. Gustavo Gili.

Fuentes, G. (1971). *Didáctica sobre actividades creadoras y plásticas*. México. Herrero Hermanos.

Fustier, M. (1975). *Pedagogía de la creatividad. Ejercicios prácticos y creatividad*. Madrid. Index.

Gerngross, G. y H. Puchta (1992). *Pictures in action*. Prentice. Hall International.

– – (1994). *Creative Grammar Practice*. Londres. Longman.

Gombrich, E. H. *et al. Arte, percepción y realidad*. Barcelona. Paidós.

Hill, D. H. (1990). *Visual Impact. Creative Language Pictures.* Londres. Longman.

Jones, R. M. (1975). *La Fantasía y el sentimiento de la educación.* Barcelona. Nova Terra.

Kanizsa, G. (1994). *Gramática de la visión. Percepción y pensamiento.* Barcelona. Paidós Comunicación.

Lindstromberg, S. (1990). *The Recipe Book.* Londres. Pilgrims-Longman.

Macaire, D. y W. Hosch (1996). *Bilder in der Landeskunde.* Berlín. Langenscheidt/ Goethe Institut Munich.

Maley, A. *et al.* (1980). *The Minds's Eye.* Cambridge. CUP.

Hadfiel, J. (1987). *Communicative Activities. Elementary Level.* Walton On Thames. Thomas Nelson.

Martín, M. (1987). *Semiología de la imagen y la pedagogía.* Madrid. Narcea.

Morgan, J. y M. Rinvolucri (1986). *Vocabulary.* Oxford. OUP.

Reinfried, M. (1992). *Das Bild im Fremdsprachenunterricht.* Tubinga. Narr.

Rinvolucri, M. *More grammer games.* Cambridge. CUP.

Rodríguez, J. L. (1977). *Las funciones de la imagen en la enseñanza.* Barcelona. Gustavo Gili.

Scherling, Th. y W. Lohfert (1983). *Wörter. Bilder. Situationen.* Berlín. Langenscheidt.

Scherling, Th. y H. F. Schuckall (1992). *Mit Bildern lernen. Handbuch für den Fremdsprachenunterricht.* Berlín, Munich. Langenscheidt.

Taddei, N. (1979). *Educar con la imagen.* Madrid. Marova.

Tardy, M. (1987). *El profesor y las imágenes.* Barcelona. Planeta.

Ur, P. (1992). *Five-Minute Activities.* Cambridge. CUP.

– – (1988). *Grammar Practice Activities.* Cambridge. CUP.

Vilches, L. (1995). *La lectura de la imagen. Prensa, cine, televisón.* Barcelona. Paidós Comunicación.

Wright, A. (1976). *Visuals Materials for the Language Teacher.* Londres. Longman.

– – (1993). *Pictures for Language Learning.* Cambridge. CUP.

– – (1994). *1000 + Pictures for Teachers to Copy.* Nelson.

9. FUENTES

Artuñedo, B. y M. T. González (1997). *Taller de Escritura. Cuaderno de actividades. Niveles intermedio y avanzado*. Madrid. Edinumen.

Borobio, V. (1992). *Ele 1. Curso de español para extranjeros*. Madrid. SM.

– – (1992). *Ele 2. Curso de español para extranjeros*. Madrid. SM.

– – (1992). *Ele 2. Cuaderno de ejercicios*. Madrid. SM.

Cerrolaza, M., Ó. Cerrolaza y B. Llovet (1998, 1999). *Planet@ E/LE 1 y 2*. Madrid. Edelsa Grupo Didascalia.

Chamorro, M. D. *et al.* (1995). *Abanico. Curso Avanzado de Español Lengua Extranjera*. Barcelona. Difusión.

Coll, J. *et al. (*1996*). Diccionario de gestos con sus giros más usuales*. Madrid. Edelsa Grupo Didascalia.

Equipo Pragma (1989). *Para empezar A. Curso comunicativo de español para extranjeros*. Madrid. Edelsa Grupo Didascalia.

– – (1989). *Para empezar B. Curso comunicativo de español para extranjeros*. Madrid. Edelsa Grupo Didascalia.

– – (1989). *Esto funciona A. Curso comunicativo de español para extranjeros*. Madrid. Edelsa Grupo Didascalia.

– – (1989). *Esto funciona B. Curso comunicativo de español para extranjeros*. Madrid. Edelsa Grupo Didascalia.

Equipo Tandem. *Tareas. C de cultura*. Madrid. Difusión.

Eunen Van, K. (1990). *Deutsch aktiv neu. Arbeitsbuch 1C*. Berlín, Munich. Langenscheidt.

García Godoy, M. (noviembre 1995-febrero 1996). *Versión Original* nº 17. Granada.

Macaire, D. y Hosch, W. (1996). *Bilder in der Landeskunde*. Munich, Berlín. Langenscheidt/Goethe Institut.

Millares, S. y A. Centellas (1993). *Método de español para extranjeros*. Madrid. Edinumen.

Miquel, L. y N. Sans (1989). *¿A que no sabes?* Madrid. Edelsa Grupo Didascalia.

– – (1989). *Intercambio I*. Madrid. Difusión.

– – (1989). *Intercambio II*. Madrid. Difusión.

– – (1994). *Rápido. Curso intensivo de español*. Barcelona. Difusión.

Ocasar, J. L. (1996). *Amnesia*. Madrid. Edinumen.

Palencia, R. (1990). *Te toca a ti*. Madrid. Ministerio de Cultura.

Quino (1991). *Humano se nace*. Barcelona. Lumen.

Sánchez, A. y M. T. Espinel (1995). *Cumbre. Curso de español para extranjeros. Nivel elemental*. Madrid. SGEL.

Sánchez, J. y C. Sanz (1993). *Jugando en español*. Berlín, Munich. Langenscheidt.

Ur, P. y A. Wright (1995). *111 Kurzrezepte für den Deutschunterricht*. Stuttgart. Klett.

Wright, A. (1993). *Pictures for a language learning*. Cambridge. CUP.